living under south street

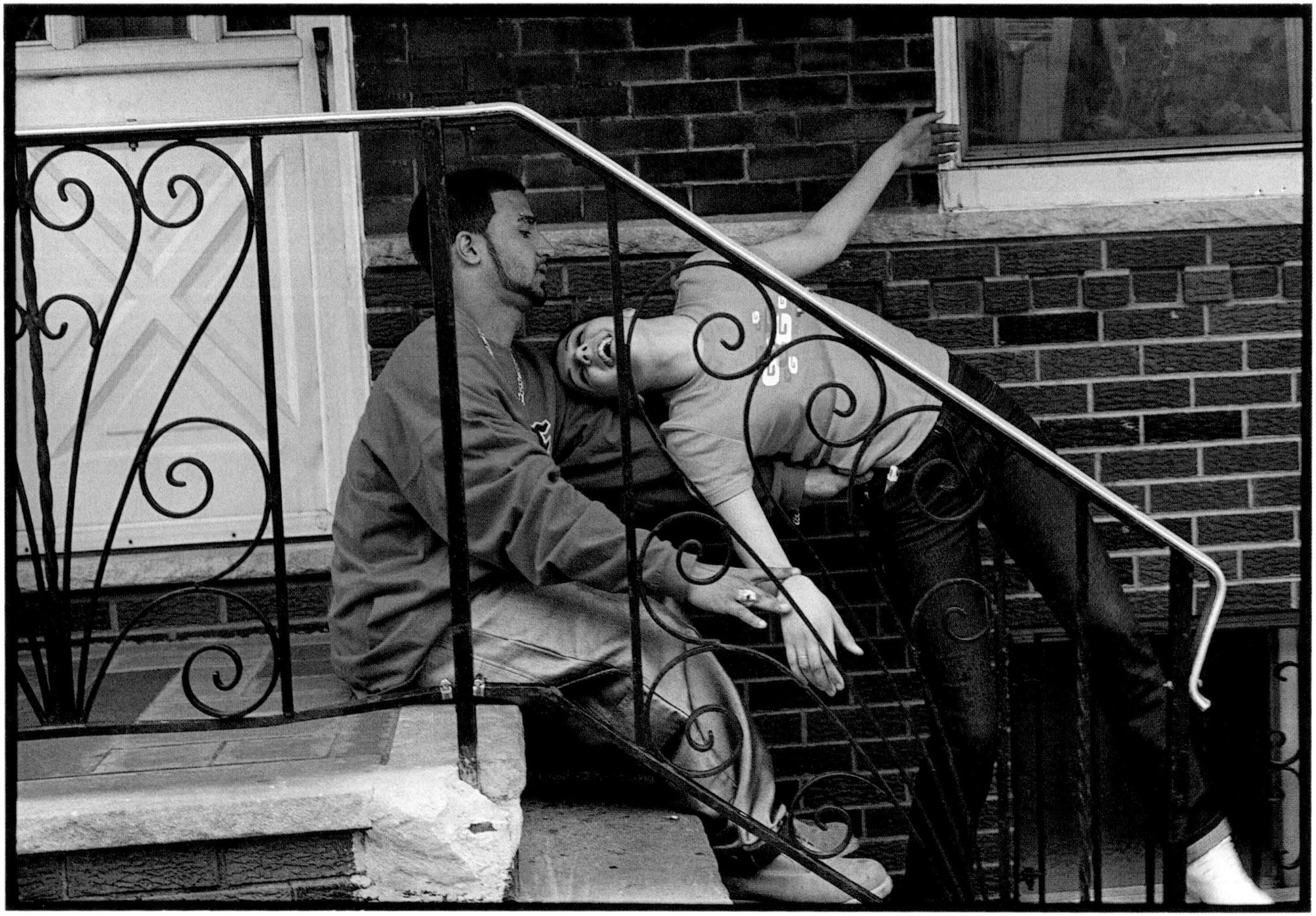

living under south street

Jonathan Elderfield

KEHRER

contents

inhalt

for sara and max

foreword

A small group of people are sitting at the edge of the park: four women and one man, all middle-aged but looking older. They're sitting on a wall or in lawn chairs, just relaxing as the sun goes down behind the trees at the end of a long summer day. They smoke cigarettes and chat. One of them fiddles with a new cell phone. Another tells me: "This is our side of the park. That side, it's the Asians – over there the blacks. But this is our side."

I went to South Philly not to create a traditional documentary photo essay, but to discover the people of the neighborhood and allow myself to be led by what I saw and felt. Most photo essays begin with a preconceived idea of story or place. They require certain rules to be followed: a scene-setting photograph, then detail shots, family life, community events, and so on. My only rule was that I would photograph exclusively in South Philly, and that anything I photographed would tell my story of the place. I discovered that after more than a year of photographing, I had indeed covered some of the traditional stops for a documentary photo essay, but I had arrived there by a different route and developed a new way of working.

I started photographing the neighborhood regularly in December 2000, staying a night or two with friends and shooting during the day. I enjoyed the streets themselves, the row houses with their small front steps, the little corner shops and lots of churches. The sense of community was palpable. But mostly I loved the way that so much of the neighborhood's vibrant life is lived out on the street. The street is a great theater in South Philly. People sit outside for hours in the evening, play sports, drink, fight. It seemed a perfect place for photography. On the busier avenues and intersections, no one cared about me and my camera. I could blend in and become invisible, walking around and shooting for hours. On the neighborhood's tiny residential streets, however, outsiders are very much noticed. I felt many sets of eyes following me as I walked, and many of the residents were unwelcoming, almost hostile to me as I walked around with my eye to my viewfinder. In an attempt to circumvent this wariness and suspicion while continuing to work, I began to develop a new style of shooting. This book, then, was photographed in two very distinctive manners. In the first, I walked or drove around until I came upon a person or a situation that I wanted to shoot. I approached the subject, explained what I was doing, and asked if I could shoot some pictures. To get the other kind of shot, I walked around the neighborhood or hung out on a corner with a wide-angle lens on my camera, pre-focused at a small aperture. I then shot from the hip without anybody's permission or approval, in this way allowing the residents of South Philly to tell their own stories.

The photographs were created using a small range of equipment. Most were shot with Leica M6-TTL and M4-P bodies and the following lenses: 35 mm F2.0, 50 mm F2.0, and 24 mm F2.8. The panoramic photographs were made with a Hasselblad Xpan and a 45 mm F4.0 lens. On a few occasions I also used a Konica Hexar with a 35 mm F2.0 lens. The entire project was shot on Kodak Tri-X 400 and TMZ 3200 film. All film processing and printing was done by MV Lab in New York City. [Jonathan Elderfield]

Eine kleine Gruppe von Leuten sitzt am Rande des Parks: vier Frauen und ein Mann, alle mittleren Alters, doch sie wirken älter. Sie entspannen sich auf einer niedrigen Mauer oder auf Liegestühlen, während am Ende eines langen Sommertages die Sonne hinter den Bäumen untergeht. Sie rauchen Zigaretten und plaudern. Eine von ihnen spielt mit einem neuen Handy herum. Eine andere sagt zu mir: „Das ist unsere Seite des Parks. Die dort drüben, die gehört den Asiaten – und die da den Schwarzen. Aber das hier ist unsere Seite."

Ich habe mich nicht etwa nach South Philly begeben, um dort einen herkömmlichen dokumentarischen Foto-Essay zu gestalten, sondern um die Bewohner dieses Viertels zu entdecken und mir selbst zu gestatten, mich von dem leiten zu lassen, was ich dort gesehen und empfunden habe. Die meisten Foto-Essays beginnen mit einer vorgefaßten Idee hinsichtlich der Geschichte oder des Ortes. Sie machen es erforderlich, daß man sich an bestimmte Regeln hält: erst eine Fotografie, die den Schauplatz festlegt, dann Nahaufnahmen, Szenen aus dem Familienleben, Bilder von Zusammenkünften und einschneidenden Ereignissen, von denen die ganze Gemeinschaft betroffen ist, und so weiter. Für mich persönlich habe ich nur die eine Regel aufgestellt, ausschließlich in South Philly zu fotografieren, und alles, was ich fotografierte, sollte meine Geschichte des Ortes erzählen. Nachdem ich mehr als ein Jahr lang dort fotografiert hatte, stellte ich fest, daß ich tatsächlich etliche der herkömmlichen Stationen eines dokumentarischen Foto-Essays gestreift hatte, aber ich war auf einem anderen Weg dort angelangt und hatte eine neue Arbeitsweise entwickelt.

Im Dezember 2000 begann ich, regelmäßig dort zu fotografieren; ich blieb über Nacht, manchmal auch zwei Nächte, bei Freunden und machte tagsüber meine Fotos. Schon allein an den Straßen hatte ich meine Freude, an den Reihenhäusern, zu denen ein paar Stufen hinaufführen, an den kleinen Krämerläden und den vielen Kirchen. Das Gemeinschaftsgefühl war greifbar. Aber am meisten begeisterte ich mich dafür, daß sich ein so großer Teil des pulsierenden Lebens in diesem Stadtteil auf der Straße abspielt. In South Philly ist die Straße eine einzige gewaltige Bühne. Menschen sitzen abends stundenlang draußen, vertreiben sich die Zeit, vergnügen sich mit Sportarten und Spielen, trinken, streiten miteinander und werden handgreiflich. Die Gegend schien sich für das Fotografieren regelrecht anzubieten, ein idealer Ort. Auf den geschäftigeren Hauptstraßen und Kreuzungen störte sich niemand an mir und meiner Kamera. Ich konnte mit dem Hintergrund verschmelzen und unsichtbar werden, stundenlang umherlaufen und Fotos machen. In den schmalen Sträßchen der reinen Wohngebiete erregen Fremde jedoch großes Aufsehen. Ich fühlte viele Augenpaare, die mir bei meinen Spaziergängen folgten, und viele Anwohner gaben mir das Gefühl, unerwünscht zu sein; sie wirkten fast schon feindselig, wenn ich mit meinem Auge am Sucher umherlief. In meinem Bemühen, diese Scheu und diesen Argwohn zu vermeiden und doch in Ruhe weiterarbeiten zu können, begann ich eine neue Aufnahmetechnik zu entwickeln. Die Fotografien in diesem Buch sind somit nach zwei ganz unterschiedlichen Methoden entstanden. Für die erste lief und fuhr ich durch die Gegend, bis ich auf eine Person oder eine Situation traf, die ich fotografieren wollte. Dann ging ich auf den Betreffenden zu, erklärte, was ich tat, und fragte, ob ich ein paar Fotos machen dürfe. Um an die anderen Aufnahmen zu kommen, spazierte ich mit einem Weitwinkelobjektiv auf meiner Kamera, die bereits auf eine kleine Blendenöffnung eingestellt war, durch die Gegend oder trieb mich an einer Straßenkreuzung herum. Dann schoß ich die Aufnahmen aus der Hüfte, ohne erst eine Genehmigung oder eine Zustimmung einzuholen, und auf diese Weise erlaubte ich den Bewohnern von South Philly, ihre eigenen Geschichten zu erzählen.

Die Fotografien wurden unter Verwendung einer sehr begrenzten Kamera-Ausrüstung aufgenommen. Die meisten wurden mit Leica M6-TTL- und M4-P-Gehäusen und den folgenden Objektiven gemacht: 35 mm F2.0, 50 mm F2.0 und 24 mm F2.8. Die Panorama-Aufnahmen entstanden mit einer Hasselblad Xpan und einem 45 mm F4.0 Objektiv. Gelegentlich habe ich auch eine Konica Hexar mit einem 35 mm F2.0 Objektiv verwendet. Für das gesamte Projekt wurde als Filmmaterial Kodak Tri-X 400 und TMZ 3200 benutzt. Die Entwicklung des Filmmaterials wurde vom MV Lab in New York City ausgeführt, und dort wurden auch sämtliche Abzüge gemacht.

[Jonathan Elderfield]

I left home in 1969 for my first real job – a newspaper reporter in the northwest suburbs of Chicago.

My new hometown was called Rolling Meadows and I lived in a garden apartment complex called Meadow Trace. I was eager, scared, and just beginning to lose my hair. I was 22. I was a writer.

The job was great, but life outside of work wasn't. I just didn't belong in the suburbs. I missed the familiarity of my block of row houses on Wolf Street and hated coming home to the parking lot and the long gray hallway. No one "hung" at the corner, because there was no corner. There was no public transportation. No one played three-card stud in the park or walked to the movies. I missed Yoogie and Brucie, guys I had known since I was five years old. I missed the chatter of Rose Girometta and Abie Finkelstein and my other neighbors. Their greetings slowed my walk but lightened my load. I missed people kibitzing on the street, sitting on their steps or on beach chairs, an eclectic, noisy, neighborly row. I missed my father on the porch, listening to the Phillies on a black transistor radio. He always wore Bermuda shorts and long black socks on summer nights. He had hairy legs.

In Rolling Meadows, I got nods, maybe a hurried hello, but all I heard were birds. (Philadelphia, I realized, had pigeons; the rest of the country had real birds.) I grew up hanging out at the candy store on the corner and buying bags of sunflower seeds – we called them "polly seeds" – for under a buck from the fat lady on Seventh Street. I grew up with people looking out for me, ready to praise me if I did well or slap me on the head if I messed up.

I didn't value any of this until I didn't have it any more. I can tell you more about it, but Jonathan Elderfield has done even better – he can show it to you. The black-and-white images on these pages are a picture book of my memories. It's not my family or my block, but it could be. Elderfield isn't from the neighborhood, so I'm not sure how he did it, but he did. The photos are arty and gritty and tell a story. They evoke emotions, the same way the neighborhood does. South Philadelphia is not a quiet place. No, as communities go, it's combustible, full of emotion and noise and color. The pictures here somehow capture the "shout" of South Philly. Elderfield's got some good eyes, though he sure doesn't have a South Philly name. We would have called him "Fieldsy."

Just in case you're from Rolling Meadows and are unfamiliar with the city and its neighborhoods, let me put his photographs on a broader canvas for you. Philadelphia has two serious rivers, the Delaware and the Schuylkill. South Philadelphia is the community between the rivers in the southeastern section of the city. Water bounds the neighborhood on three sides. The northern boundary is named South Street. The neighborhood contains about one-tenth of the city's land and a similar percentage of its people – 140,000 to 150,000.

Though you may never have set foot in South Philadelphia, you've probably seen at least one of its blocks. Remember the street that Sylvester Stallone ran through in the first *Rocky*? That was Ninth Street, or the Italian Market, a century-old neighborhood landmark that presidential candidates visit every four years and neighbors visit daily to buy ricotta-filled cannolis, feta cheese, homemade sausage, fresh fennel and bread, and live chickens.

But what makes the place worthy of a book? Lots of people say where they lived was special, and I certainly don't begrudge anyone their memories. But Elderfield understands that if you want to photograph urban America, this is the place to do it. How come? Because there are really just two kinds of people in the world: the kind that grew up in South Philly, and the kind that wished they did.

Talk about your famous urban neighborhoods all you want, but if you don't start with South Philly, you're wrong. Because before there was an East Side of New York or a South Side of Chicago, there was South Philadelphia. In fact, even before there was Philadelphia, there was South Philadelphia. What we have here is the nation's first racially and ethnically-mixed residential neighborhood in a big city, and it's still going strong. Philadelphia began in 1682, but there were Europeans living in what was to become the southeast corner of the city 35 years earlier.

So we're talking the first neighborhood. Those first residents were Swedish and Finnish, but there were indentured black servants as well. A 1683 census of the city lists a man named Robert Neverbegood as a Negro servant living in what is today South Philadelphia. His is the first complete name of a black man or woman resident in the Philadelphia area. We know he was a servant of Patrick Robinson, a Swedish settler who owned 100 acres, but we'll never know what Robert Neverbegood did to deserve that last name.

The neighborhood, close to the docks of the Delaware River, attracted immigrants who became the working poor. The 1700s saw English and Irish and Dutch and Germans move in as well as a smattering of free blacks. Most residents' work connected them to the waterfront. They were riggers and rope makers and haulers and they lived in the South Philadelphia districts and townships of Passyunk, Moyamensing and Southwark. The spine of the city was Market Street, and the three communities of South Philadelphia were at least a mile south of the city limits. Philadelphia was a walking city, and no one wanted to walk that far. So only those who had no choice – the poor – lived in South Philadelphia. The docks of the Delaware were also the landing place for immigrants whose numbers grew in the 1800s. First came the Irish, then Italians and Poles and Jews from Eastern Europe.

Unfortunately, they lived in the city's most unsafe neighborhood. Whatever the disease was – smallpox, yellow fever, cholera – it hit hardest in South Philadelphia, where sanitary conditions were the area's worst. And until the city assumed its current boundaries in 1854, South Philadelphia received no police protection, because city constables were afraid to cross South Street. Think of the street as the Rio Grande, with separate nations on either side. If a criminal fled across South Street, city constables did not follow.

Organized crime in the city, in the form of street gangs, began in the mid-1800s. Say "organized crime" and everyone assumes the Cosa Nostra or Mafia. But those mid-nineteenth-century gangs – the Killers, Flayers, Skinners, Bouncers, Rats, Smashers, and Schuylkill Rangers – were Irish. Some were loosely-knit confederations of muggers and thieves, but others were highly organized, ruling the waterfront, controlling vice, and forcing home owners to pay protection money lest a fire burn down their house.

In 1848, a *New York Tribune* reporter wrote that there was a "lower and more thorough development of debasement in Philadelphia than in New York. The districts, especially of Southwark and Moyamensing, swarm with these loafers, who, brave only in gangs, herd together…" At the time, parts of Southwark were also home to a number of houses of prostitution. The reporter apparently thought that one particular house of ill repute was worse than anything in New York: "Dandy Hall is the core of the rottenest and most villainous neighborhood ever populated by human beings… a moral Golgotha of Civilization." He went on to describe three-cents-a-glass brandy, orgies, a Negro fiddler, and sailors, and gang-member customers. He noted that the building could be shut down if neighbors complained, "but the neighbors are as bad as the inmates of Dandy Hall."

The news wasn't always so critical. During the Civil War, a large number of Northern troops went south to fight via the train station at Broad Street and Washington Avenue in South Philadelphia. They took trains to Camden, New Jersey, ferried across the Delaware to Philadelphia and then marched the 15 blocks from the docks to the train station. But before the long walk, Southwark residents fed them beef, bread, and hot coffee at the Union Volunteer Refreshment Saloon. In addition to food and drink, the volunteers also gave the soldiers writing paper and envelopes. And the soldiers wrote home, often citing their gratitude to the volunteers. Many of those letters were reprinted in distant newspapers across the North. The reputation of South Philadelphia grew.

Reputation is a funny thing. It's usually built on stories and stereotypes, both of which contain some truth. As for historical fact – well, sometimes it's remembered and sometimes it isn't.

So South Philadelphia has a reputation today as a tough neighborhood. That's based on fact, because 150 years ago it was the nastiest neighborhood in town. Exactly why that reputation persists to this day is unclear. Perhaps it's the continued presence of an Italian organized crime family in the neighborhood – even though that family has been ineffective in recent years and probably has as many members in prison as it has on the street. Maybe the reputation lives on because parts of the neighborhood are still poor. (Other parts, such as the neighborhood near the Italian Market, have become affluent.) We certainly didn't know we were tough growing up, but guys in other sections of the city were afraid of us.

The neighborhood also has the reputation as the place where many of the 1960s rock and roll singers came from – the Bobby Rydells, Frankie Avalons, and Chubby Checkers. What's forgotten is that America's first stand-alone theater was in South Philadelphia, as was its first free public art school. Dozens of Philadelphia Orchestra members, artist Man Ray, trumpet player Red Rodney, contralto Marian Anderson, Larry Fine of the Three Stooges, and Joseph Stefano, screenwriter of *Psycho,* all came from the neighborhood.

It's been more than 350 years since those first Swedes and Finns moved to South Philadelphia, and the immigrants continue streaming in. The Swedes and Finns are long gone, and in the last 50 years or so, the Jewish and Polish population has diminished. But new folks keep coming, and today the influx of Southeast Asians and Mexicans continues to grow. Some people are disturbed at the change, but that's crazy. The neighborhood has always been a place for people starting out, and no one should be surprised that it's still that way.

And it's always been a place where a lot of people lead small lives, where day-to-day activities are confined to two or three blocks. I grew up on the 400 block of Wolf Street and rarely went west of Seventh Street or east of Fourth. If you lived on the 300 block of Wolf, I probably never met you.

That hasn't changed. I recently talked to a guy who grew up near Second and McKean, three blocks north of me. When I told him where I was from, he said, "Yeah, up there," as if I had grown up in Boston.

That Second and McKean fellow is a "Mummer," another distinguishing mark of a South Philadelphian. I grew up in the only neighborhood in the land with its own annual parade involving 12,000 people. Philadelphia officials will insist that the parade, held each New Year's Day, is a city event, but they're not kidding anybody.

The Mummers Parade is a South Philly production and it's been that way for more than 100 years. The parade is urban folklore seen only here, drawing its roots from working-class Americans mocking the militia in the nineteenth century, from Europeans taking to the streets in eighteenth-century parades, from traditional "Mumming" plays of many cultures many years ago and from ancient Saturnalia and Bacchanalia festivals.

It is a proletariat pageant where thousands of men, women, and children prance, dance, and strut up – never down – the street. The Liberty Bell may make Philadelphia famous, but the Mummers are its heart and soul. And, overwhelmingly, the Mummers are from South Philly. The day belongs to the plumber and the longshoreman. Everyone's in costume, everyone marches and you can hear the street shudder under the heels and toes of grandfathers and grandsons busting loose together. Think Hell's Angels acting like Rockettes or a four-minute dance version of *The Island of Dr. Moreau*.

That's enough out of me. Besides, Fieldsy's photographs say a lot more than my words. Take a look. Trust me. I know South Philly. He did real good.

[Murray Dubin]

1969 verließ ich mein Zuhause, um meinen ersten echten Job anzutreten – als Zeitungsreporter in den nordwestlichen Vororten von Chicago.

Meine neue Heimat nannte sich Rolling Meadows, und ich lebte dort in einer niedrigen Wohnanlage im Grünen, die den Namen Meadow Trace trug. Ich war wißbegierig und furchtsam und begann gerade, mein Haar zu verlieren. Ich war zweiundzwanzig. Ich war Schriftsteller.

Der Job war prima, was aber auf mein Privatleben keineswegs zutraf. Ich gehörte nicht in die Vorstadt. Ich vermißte die Vertrautheit der Reihenhäuser meines Straßenzugs in der Wolf Street, und es war mir verhaßt, bei meiner Heimkehr den Parkplatz und den langen grauen Hausflur vorzufinden. Niemand trieb sich an der Straßenecke herum, weil es dort gar keine Ecke gab. Es gab keine öffentlichen Verkehrsmittel. Niemand spielte Karten im Park oder ging zu Fuß ins Kino. Ich vermißte Yoogie und Brucie, Kerle, die ich kannte, seit ich fünf Jahre alt war. Ich vermißte das Geschwätz von Rose Girometta und Abie Finkelstein und meinen übrigen Nachbarn. Ihre Begrüßungen hielten mich zwar auf, aber sie hoben auch meine Stimmung. Ich vermißte Leute, die auf der Straße kiebitzen, auf den Stufen vor ihren Häusern oder auf Klappstühlen sitzen, einen eklektischen, lautstarken, gutnachbarlichen Krawall. Ich vermißte meinen Vater, der auf der Veranda saß und sich in einem schwarzen Transistorradio die Phillies anhörte. An Sommerabenden trug er immer Bermudashorts und lange schwarze Socken. Er hatte stark behaarte Beine.

In Rolling Meadows nickte man mir zu und bedachte mich vielleicht sogar mit einem eiligen „Hallo“, aber ich hörte nichts anderes als die Vögel. (In Philadelphia, das begriff ich jetzt, gab es Tauben; im Rest des Landes gab es echte Vögel.) Als ich heranwuchs, trieb ich mich ständig in dem Laden an der Ecke herum, in dem es Süßigkeiten gab, und kaufte für weniger als einen Dollar Sonnenblumenkerne – wir nannten sie „Papageienfutter“ – bei der fetten Frau in der 7th Street. Ich wuchs unter Menschen auf, die mich im Auge behielten und jederzeit bereit waren, mich zu loben, wenn ich meine Sache gut machte, oder mir einen Klaps auf den Hinterkopf zu geben, wenn ich Mist baute.

Ich wußte nichts von alledem zu schätzen, bis ich es nicht mehr hatte. Ich kann Ihnen mehr darüber erzählen, aber Jonathan Elderfield hat es noch besser gemacht – er kann es Ihnen zeigen. Die Schwarzweißfotos auf diesen Seiten sind ein Bilderbuch meiner Erinnerungen. Weder meine Familie noch mein Straßenzug sind darauf abgebildet, aber sie könnten es sein. Elderfield stammt nicht aus diesem Stadtteil, und daher habe ich keine Ahnung, wie er es angestellt hat, aber er hat es geschafft. Die Fotos sind kunstvoll und kühn, und sie erzählen eine Geschichte. Sie rufen Gefühle wach, wie es auch das Viertel selbst tut. South Philadelphia ist keine ruhige Gegend. Nein, im Vergleich zu anderen sozialen Gemeinschaften ist es explosiv und sprüht vor Gefühlen, Lärm und Farben. Irgendwie gelingt es diesen Bildern hier, das „Getöse" von South Philly einzufangen. Elderfield hat ein enorm gutes Gespür dafür, obgleich er gewiß keinen Namen hat, der typisch für South Philly wäre. Wir hätten ihn „Fieldsy" genannt.

Lassen Sie mich seine Fotografien auf eine breitere Leinwand projizieren – nur für den Fall, daß Sie aus Rolling Meadows stammen und mit der Stadt und ihren Vierteln nicht vertraut sind. Philadelphia hat zwei ernstzunehmende Flüsse, den Delaware und den Schuylkill. South Philadelphia ist das Gebiet zwischen den Flüssen im südwestlichen Bereich der Stadt. Dieser Stadtteil wird an drei Seiten von Wasser umschlossen. Die Nordgrenze trägt den Namen South Street. Das Viertel umfaßt etwa ein Zehntel des Stadtgebiets und beherbergt einen ähnlichen Prozentsatz seiner Bewohner – 140.000 bis 150.000 Menschen.

Es mag zwar sein, daß Sie South Philadelphia nie betreten haben, aber Sie haben wahrscheinlich wenigstens einen seiner Straßenzüge gesehen. Erinnern Sie sich noch an die Häuserzeile, durch die Sylvester Stallone im ersten Teil von *Rocky* rennt? Das war die 9th Street, oder auch der italienische Markt, ein jahrhundertealtes Wahrzeichen des Viertels, das alle vier Jahre von Präsidentschaftskandidaten besucht wird und täglich von Anwohnern, die dort Cannoli mit Ricotta-Füllung, Feta, Hausmacherwurst, frischen Fenchel und Brot und lebende Hühner kaufen.

Aber weshalb sollte dieses Viertel ein Buch wert sein? Viele Leute behaupten von Orten, an denen sie früher gelebt haben, sie seien etwas ganz Besonderes gewesen, und ich mißgönne bestimmt niemandem seine Erinnerungen. Aber Elderfield begreift, daß es genau der richtige Ort ist, wenn man das städtische Amerika fotografieren will. Wie kommt das? Weil es im Grunde genommen nur zwei Sorten Menschen auf Erden gibt: diejenigen, die in South Philly aufgewachsen sind, und diejenigen, die sich wünschen, sie wären dort aufgewachsen.

Sie können mir über berühmte Stadtviertel erzählen, soviel Sie wollen, aber wenn Sie nicht mit South Philly anfangen, dann irren Sie sich. Denn schon ehe es in New York eine East Side oder in Chicago eine South Side gab, gab es South Philadelphia. Tatsächlich gab es South Philadelphia schon, ehe es Philadelphia gab. Wir haben es hier mit dem ersten rassisch und ethnisch gemischten großstädtischen Wohngebiet der Nation zu tun, und daran hat sich bis heute nichts geändert. Die Anfänge von Philadelphia gehen auf 1682 zurück, aber auf dem Gebiet, das später der südwestliche Zipfel der Stadt werden sollte, lebten schon 35 Jahre zuvor Europäer.

Wir reden also über die Anfänge des Viertels. Diese ersten Einwohner waren Schweden und Finnen, aber es gab auch schwarze Dienstboten, die im Gegenzug für die Überfahrt zu unentgeltlicher Arbeit verpflichtet waren. In einer städtischen Erhebung aus dem Jahre 1683 wurde ein schwarzer Bediensteter namens Robert Neverbegood erfaßt, der im heutigen South Philadelphia lebte. Das ist der erste vollständige Name eines Schwarzen mit Wohnsitz im Stadtgebiet, der uns überliefert ist. Wir wissen, daß er im Dienste Patrick Robinsons stand, eines schwedischen Siedlers, der hundert Acres Land besaß, aber wir werden niemals erfahren, womit sich Robert Neverbegood diesen Nachnamen eingehandelt hat.

Das Viertel, nicht weit von den Docks des Delaware River, lockte Immigranten an, die zu den Armen der Arbeiterklasse wurden. Das achtzehnte Jahrhundert erlebte einen Zustrom von Engländern, Iren, Holländern und Deutschen, aber auch vereinzelten freien Schwarzen. Die Arbeit der meisten Einwohner stand in direktem Zusammenhang mit dem Hafengebiet. Sie waren Takler, Seiler und Fuhrkutscher, und sie lebten in den Bezirken von South Philadelphia und den Gemeinden Passyunk, Moyamensing und Southwark. Das Rückgrat der Stadt war die Market Street, und die drei Gemeinden von South Philadelphia waren mindestens eine Meile südlich der Stadtgrenze angesiedelt. Philadelphia war eine Stadt der Fußgänger, und niemand wollte so weit laufen. Daher lebten nur diejenigen, die keine andere Wahl hatten – die Armen – in South Philadelphia. Die Docks des Delaware waren aber auch der Ort, an dem die Immigranten, deren Anzahl im neunzehnten Jahrhundert wuchs, an Land gingen. Erst kamen die Iren, dann Italiener und Polen und Juden aus Osteuropa.

Bedauerlicherweise lebten sie im unsichersten Teil der Stadt. Ganz gleich, welche Krankheit es auch war – die Pocken, das Gelbfieber, die Cholera –, sie alle trafen South Philadelphia am härtesten, denn dort waren die hygienischen Bedingungen die schlechtesten weit und breit. Und ehe die Stadt 1854 ihre Grenzen bis dahin ausweitete, wo sie noch heute sind, erhielt South Philadelphia keinerlei Polizeischutz, da die städtischen Constables sich fürchteten, die South Street zu überqueren. Man muß sich diese Straße als den Rio Grande vorstellen, auf dessen Seiten verschiedene Nationen lebten. Wenn ein Verbrecher über die South Street floh, gaben die städtischen Constables die Verfolgung auf.

Das organisierte Verbrechen in der Stadt begann Mitte des neunzehnten Jahrhunderts in Form von Straßenbanden. Wenn man von „organisiertem Verbrechen" spricht, denkt jeder an die Cosa Nostra oder Mafia. Aber diese Banden um die Mitte des neunzehnten Jahrhunderts – die Killers, die Flayers, die Skinners, die Bouncers, die Rats, die Smashers und die Schuylkill Rangers – waren irisch. Bei einigen handelte es sich um lose Zusammenschlüsse von Straßenräubern und Dieben, aber andere waren bestens organisiert; sie beherrschten das Hafengebiet, hatten das Geschäft mit dem Laster fest in der Hand und zwangen Hausbesitzer, ihnen Schutzgelder zu bezahlen, da sie ansonsten fürchten mußten, ihr Haus könnte abbrennen.

1848 schrieb ein Reporter der *New York Tribune*, man könne „in Philadelphia eine elendere und abgefeimtere Entfaltung der Verderbtheit beobachten als in New York. Im näheren Umland, vor allem in den Gemeinden Southwark und Moyamensing, wimmelt es von diesen Faulpelzen, die nur in Banden tapfer sind und sich daher zusammenrotten…" Zu jener Zeit beheimateten Teile von Southwark auch zahlreiche Bordelle. Der Reporter war anscheinend der Meinung, ein ganz bestimmtes dieser übel beleumundeten Häuser sei schlimmer als alles, was es in New York gab: „Dandy Hall ist der korrupte Kern des verderbtesten und schurkischsten Ortes, der je von menschlichen Wesen bevölkert war … ein moralisches Golgatha der Zivilisation." Im weiteren beschrieb er Brandy für drei Cent das Glas, Orgien, einen Negerfiedler, Matrosen und Bandenmitglieder als Kunden. Er vermerkte auch noch, das Gebäude könne geschlossen werden, wenn sich Nachbarn beschwerten, „aber die Nachbarn sind ebenso verdorben wie der Abschaum, den man in Dandy Hall antrifft."

Die Berichterstattung war nicht immer so kritisch. Während des Bürgerkriegs zog eine große Anzahl von Kavalleristen aus dem Norden in den Süden, um dort zu kämpfen, und auf dem Weg passierten sie den Bahnhof in der Broad Street, Ecke Washington Avenue in South Philadelphia. Sie trafen mit Zügen in Camden, New Jersey, ein, setzten mit der Fähre über den Delaware nach Philadelphia über und marschierten dann die fünfzehn Straßen vom Hafen bis zum Bahnhof. Aber vor dem langen Fußmarsch setzten ihnen die Einwohner von Southwark im Union Volunteer Refreshment Saloon Rindfleisch, Brot und heißen Kaffee vor. Außer den Speisen und Getränken verteilten die Freiwilligen auch Schreibpapier und Briefumschläge an die Soldaten. Und die Soldaten schrieben nach Hause und verliehen dabei oft ihrer Dankbarkeit gegenüber den Freiwilligen Ausdruck. Viele dieser Briefe wurden in fernen Zeitungen im ganzen Norden abgedruckt. Der Ruf von South Philadelphia breitete sich aus.

Das mit dem Ruf, das ist schon eine ganz seltsame Sache. Im allgemeinen begründet er sich auf Geschichten und Klischees, die beide einen gewissen Wahrheitsgehalt haben. Was dagegen die historischen Tatsachen angeht – nun ja, manchmal bleiben sie im Gedächtnis haften, manchmal aber auch nicht.

Daher steht South Philadelphia heute in dem Ruf, ein hartes Pflaster zu sein. Das wiederum begründet sich auf Tatsachen, denn vor hundertfünfzig Jahren war es das übelste Viertel in der ganzen Stadt. Warum genau sich dieser Ruf bis zum heutigen Tage beharrlich gehalten hat, ist ungeklärt. Vielleicht liegt es an der kontinuierlichen Anwesenheit einer italienischen Familie in dem Viertel, die sich schon immer dem organisierten Verbrechen verschrieben hatte – obgleich es mit dieser Familie in den letzten Jahren steil bergab gegangen ist und wahrscheinlich ebenso viele ihrer Angehörigen im Gefängnis sind wie auf freiem Fuß. Vielleicht lebt der Ruf aber auch weiter, weil Teile der Gegend nach wie vor arm sind. (Andere Viertel, beispielsweise in der Nähe des italienischen Markts, haben es zu Wohlstand gebracht.) Wir wußten jedenfalls, als wir heranwuchsen, mit Sicherheit nicht, daß wir harte Kerle waren, aber Typen aus anderen Stadtteilen fürchteten sich vor uns.

Das Viertel steht aber auch in dem Ruf, der Ort zu sein, aus dem viele der Rock'n'Roll-Sänger der sechziger Jahre stammten – die Bobby Rydells, Frankie Avalons und Chubby Checkers. In Vergessenheit ist dagegen geraten, daß in South Philadelphia Amerikas erstes unabhängiges Theater stand, und dasselbe gilt auch für die erste kostenfreie öffentliche Kunstschule. Dutzende von Mitgliedern des Philadelphia Orchestra, der Künstler Man Ray, der Trompeter Red Rodney, die Altistin Marian Anderson, Larry Fine von den Three Stooges und Joseph Stefano, der Drehbuchautor von *Psycho*, entstammten samt und sonders diesem Viertel.

Mehr als dreihundertfünfzig Jahre sind vergangen, seit diese ersten Schweden und Finnen nach South Philadelphia zogen, und noch heute kommen Scharen von Immigranten. Die Schweden und die Finnen sind längst fort, und in den letzten circa fünfzig Jahren hat sich der jüdische und der polnische Bevölkerungsanteil verringert. Aber neue Völker halten ihren Einzug, und der Zustrom von Südostasiaten und Mexikanern wächst weiterhin. Manche Leute beunruhigt die Veränderung, aber das ist Unsinn. Das Viertel war immer ein Ort für Menschen im Aufbruch, und es sollte niemanden wundern, daß es auch heute noch so ist.

Und es ist auch immer ein Ort gewesen, wo viele Leute ein bescheidenes Leben führen, wo sich alltägliche Aktivitäten auf zwei oder drei Straßenzüge beschränken. Ich wuchs im 400er-Block der Wolf Street auf und begab mich selten weiter nach Westen als zur 7th oder in den Osten jenseits der 4th. Wenn Sie im 300er-Block der Wolf Street gelebt haben, bin ich Ihnen wahrscheinlich nie begegnet.

Daran hat sich nichts geändert. Kürzlich habe ich mich mit einem Typen unterhalten, der in der Nähe der Kreuzung 2nd und McKean aufgewachsen ist, drei Straßenzüge nördlich von mir. Als ich ihm erzählt habe, woher ich komme, meinte er: „Ach, von da oben", als sei ich in Boston aufgewachsen.

Der Typ aus der Nähe der 2nd und der McKean ist ein „Mummer", also ein „Vermummter", eine weitere Besonderheit von South Philadelphia. Ich wuchs in dem einzigen Stadtteil des ganzen Landes auf, der seine eigene alljährliche Parade hat, an der zwölftausend Personen teilnehmen. Offizielle Stellen in Philadelphia werden darauf bestehen, daß die Parade, die jedes Jahr am Neujahrstag stattfindet, eine Einrichtung der Stadt Philadelphia ist, aber sie können niemandem etwas vormachen.

Die Mummers Parade ist ein typisches Produkt von South Philly und wird jetzt schon seit mehr als hundert Jahren dort inszeniert. Die Parade ist städtische Folklore, die man nur hier zu sehen bekommt, denn ihre Ursprünge gehen darauf zurück, daß im neunzehnten Jahrhundert Amerikaner der Arbeiterklasse die Miliz verspotteten, daß sich Europäer des achtzehnten Jahrhunderts zu Paraden auf die Straße begaben, aber auch auf den traditionellen „Mummenschanz" vieler Kulturen vor langer Zeit und auf die Saturnalien und Bacchanalien des Altertums.

Es ist ein historischer Umzug des Proletariats, bei dem Tausende von Männern, Frauen und Kindern die Straße hinauf – niemals hinunter – tänzeln, tanzen, stolzieren und großspurig auftreten. Die Liberty Bell mag zwar den Ruhm Philadelphias begründet haben, aber die Mummers sind sein Herz und seine Seele. Und die überwältigende Mehrheit der Mummers stammt aus South Philly. Der Tag gehört den Klempnern und den Schauermännern. Alle sind kostümiert, alle marschieren mit, und man kann die Straße unter den Absätzen und Schuhspitzen von Großvätern und Enkeln beben hören, die gemeinsam einen draufmachen. Stellen Sie sich Hell's Angels vor, die sich wie Rockettes benehmen. Oder eine vierminütige Tanzversion von *Dr. Moreaus Insel.*

Jetzt habe ich aber lange genug gefaselt. Außerdem sagen Fieldsys Fotografien viel mehr aus als meine Worte. Schauen Sie hin. Auf mich können Sie sich verlassen. Ich kenne South Philly. Er hat seine Sache richtig gut gemacht. [Murray Dubin]

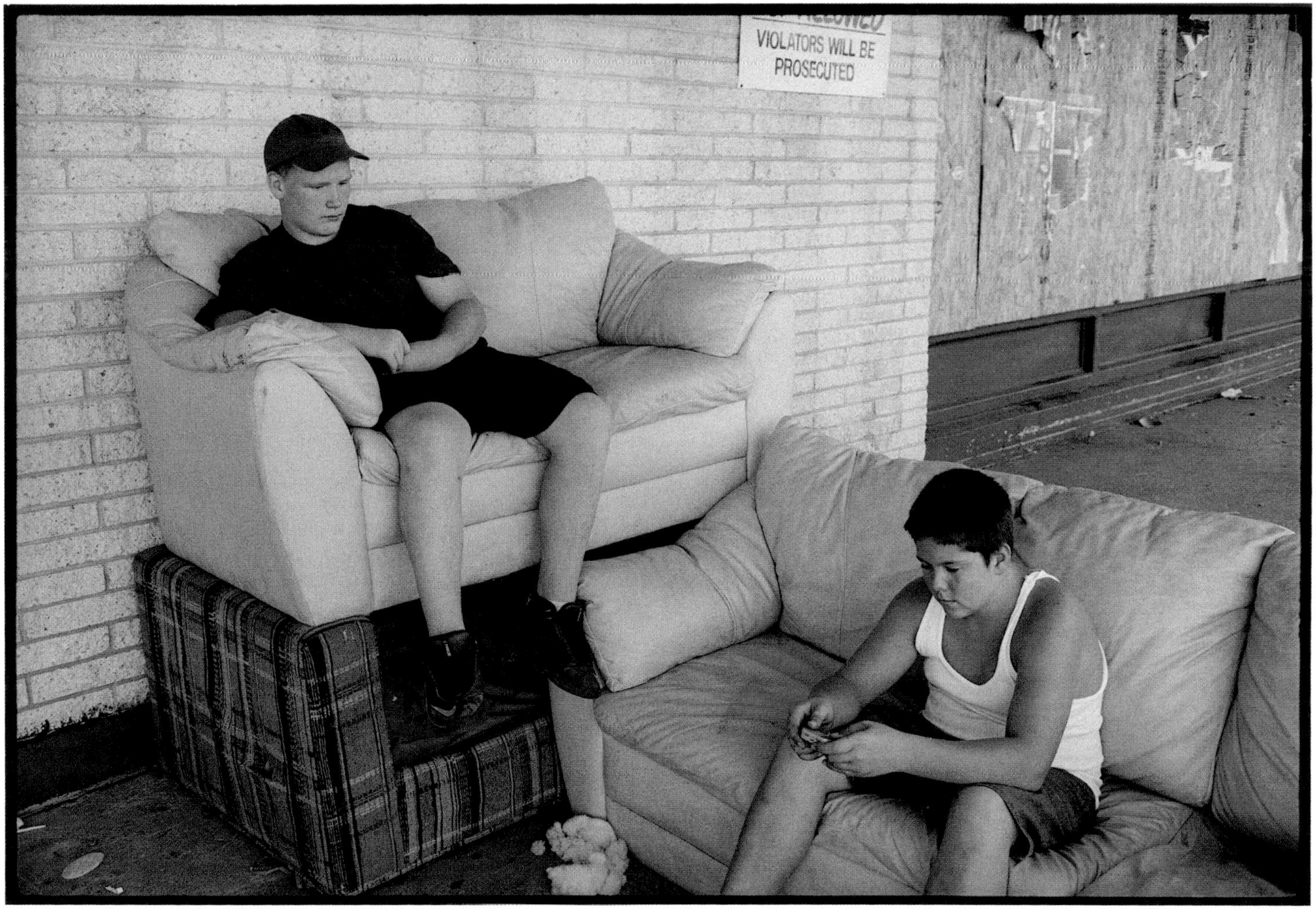
VIOLATORS WILL BE
PROSECUTED

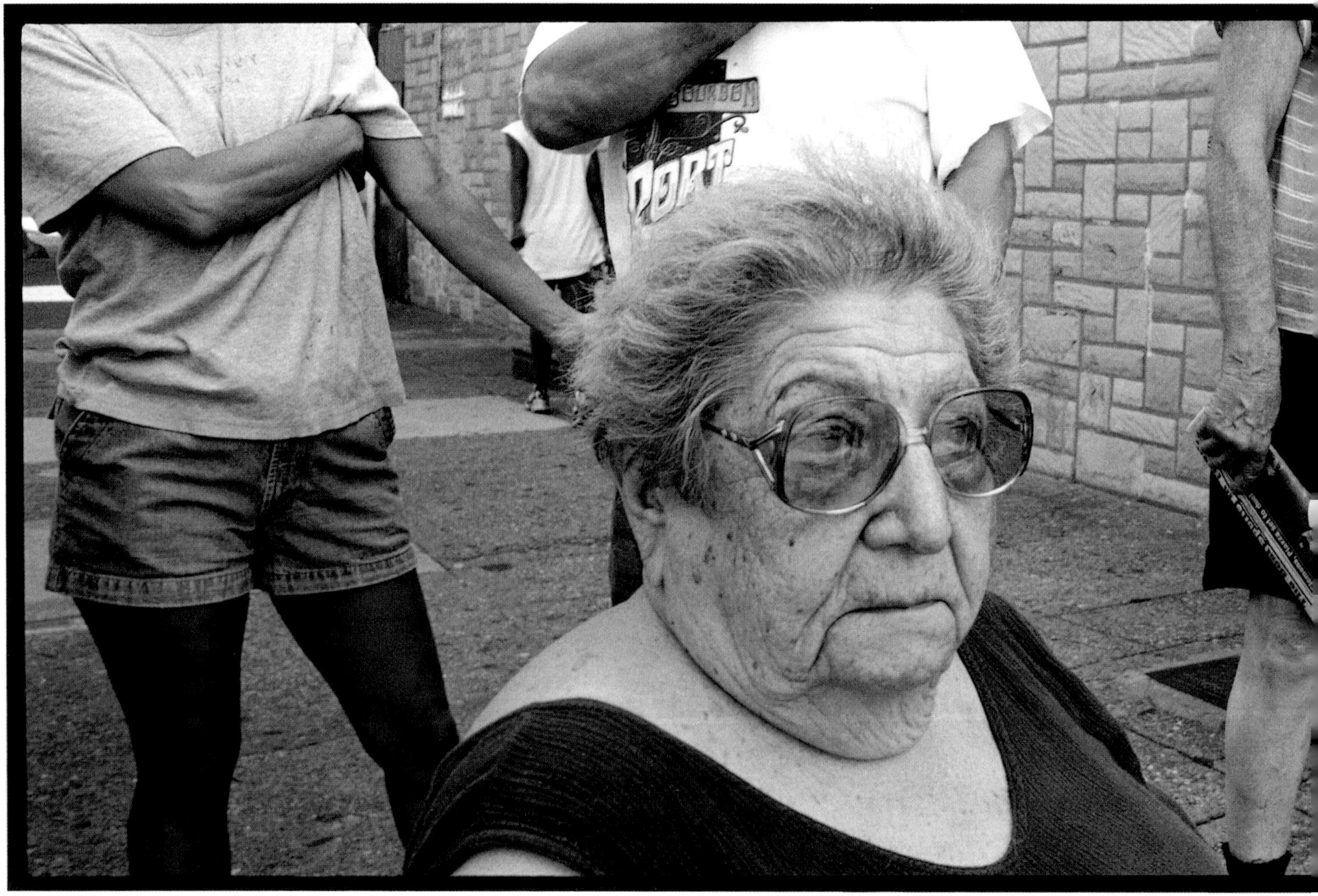

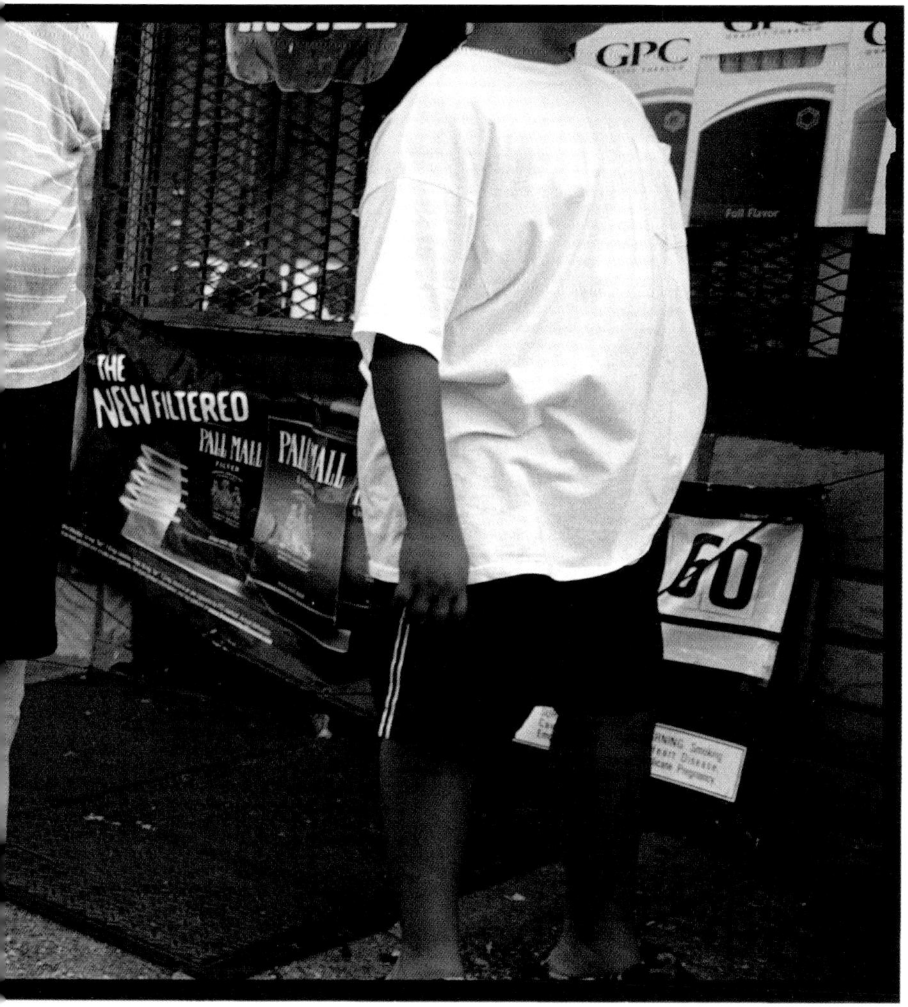
GPC
Full Flavor
THE NEW FILTERED
PALL MALL
60

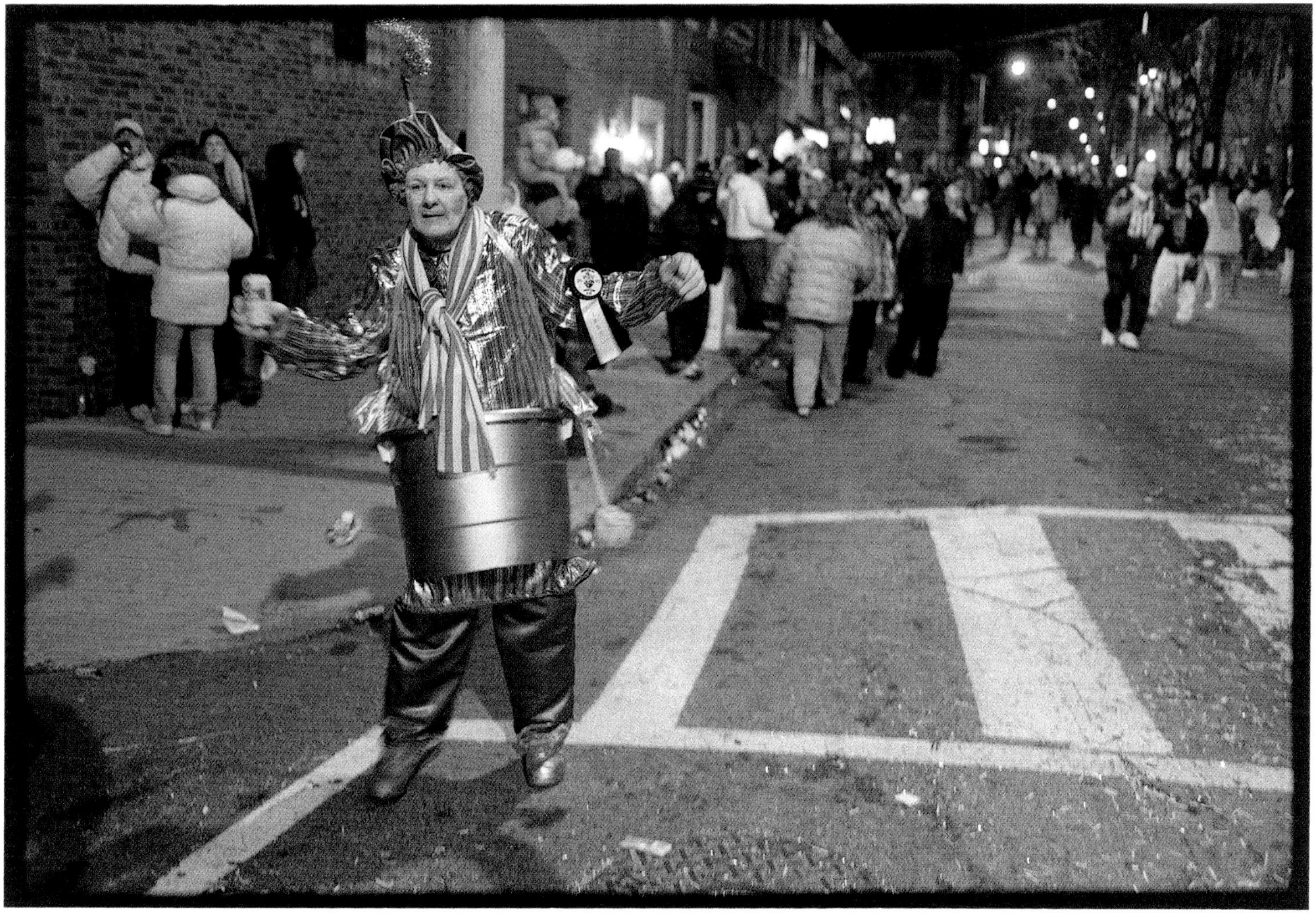

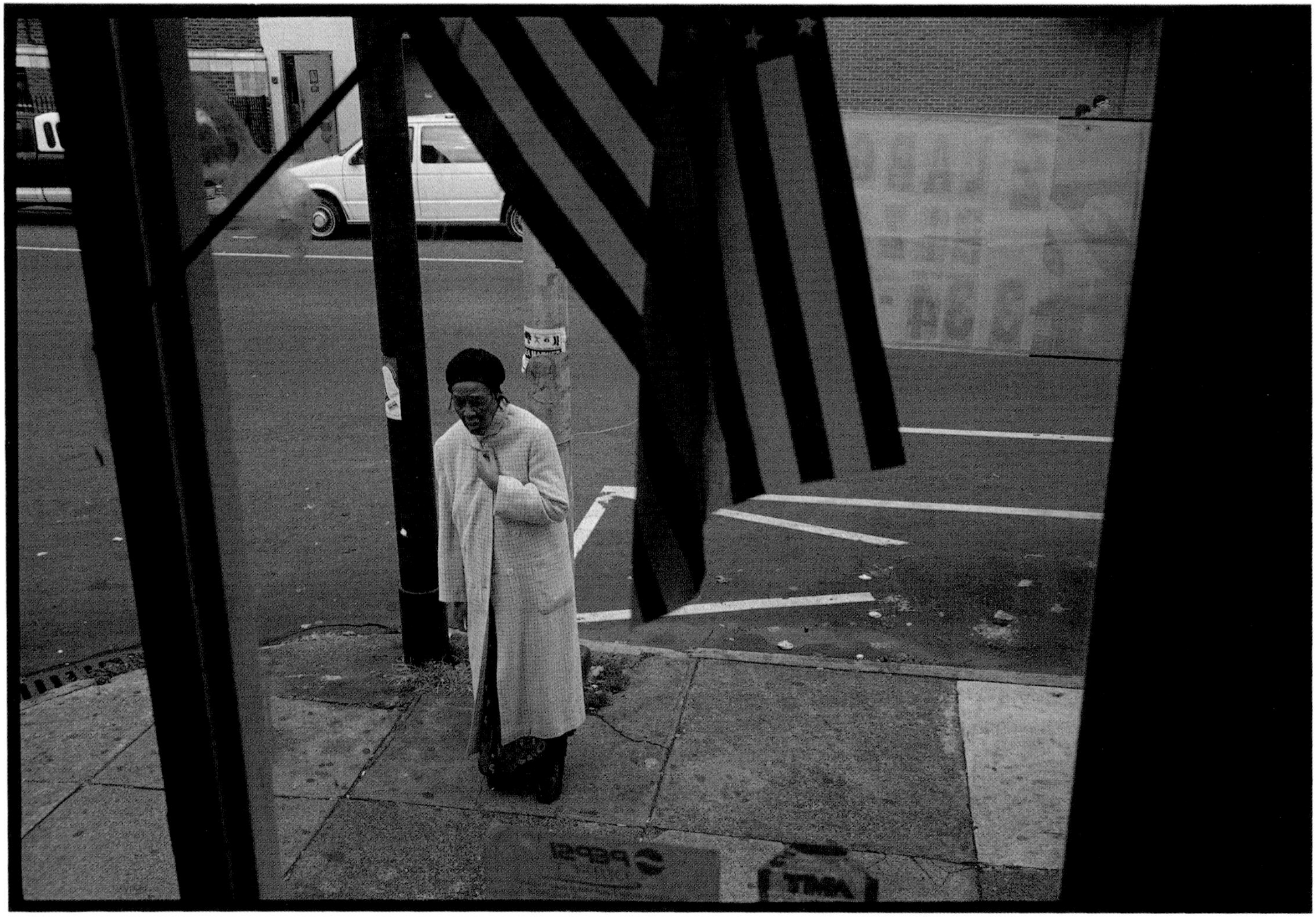

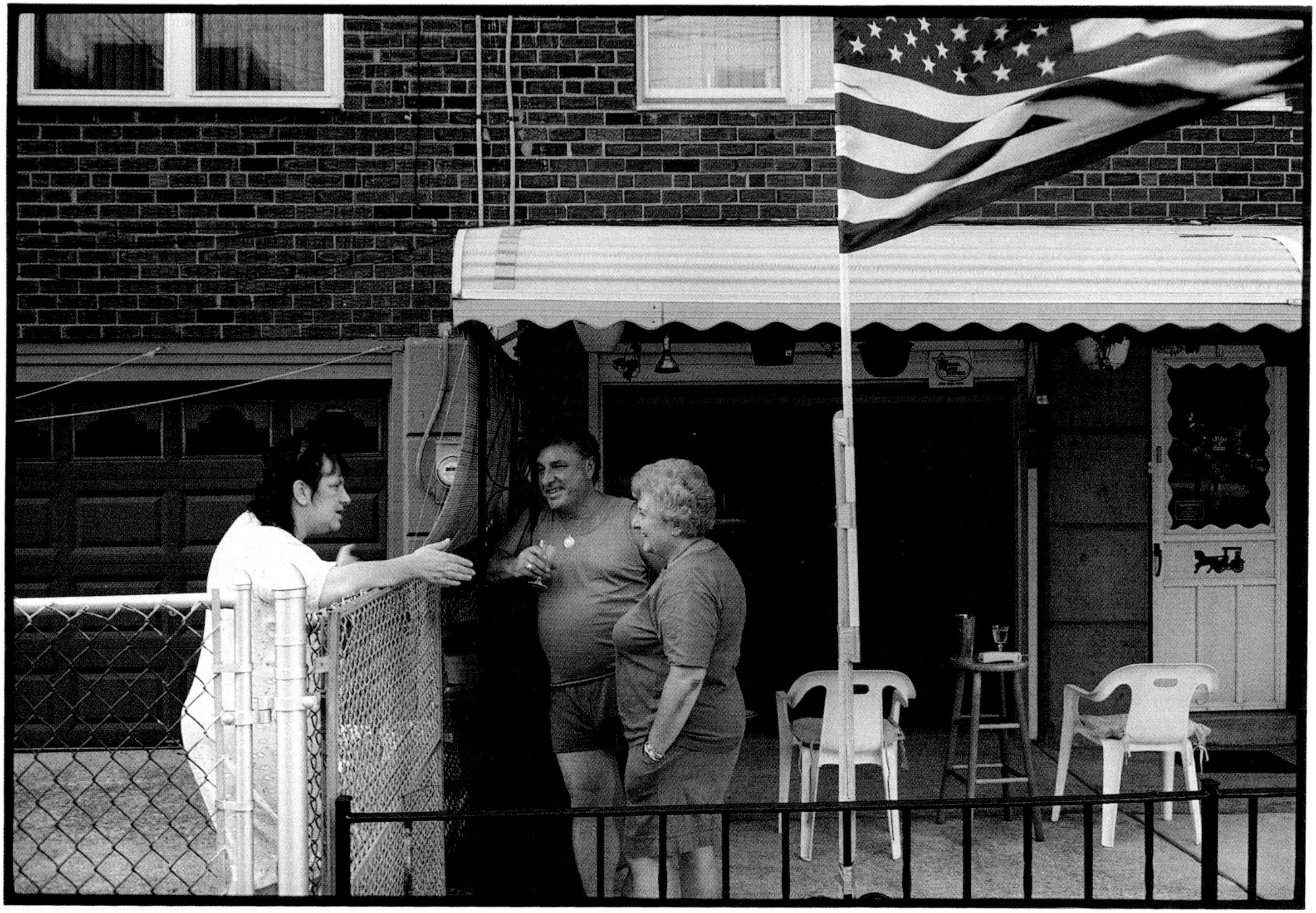

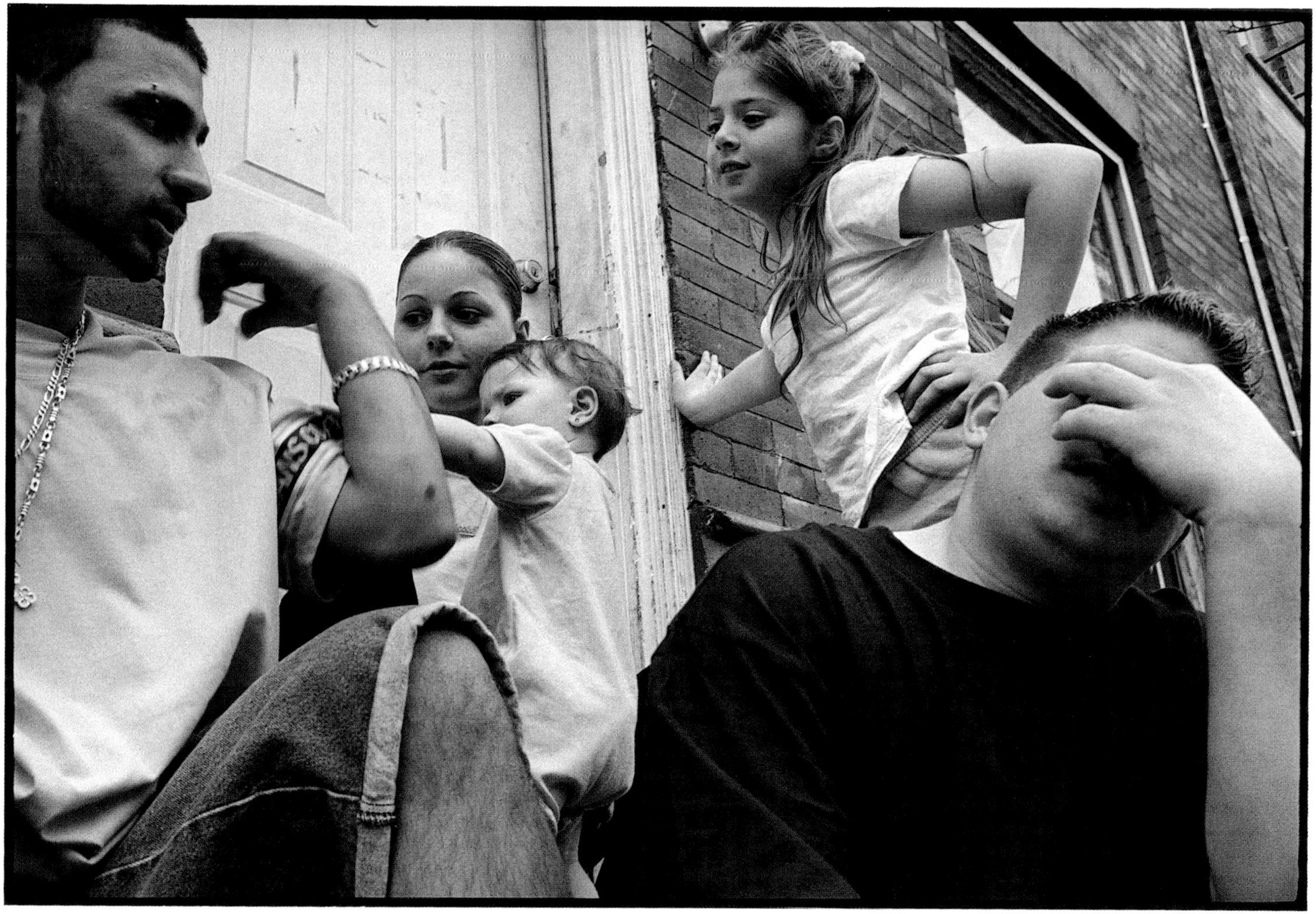

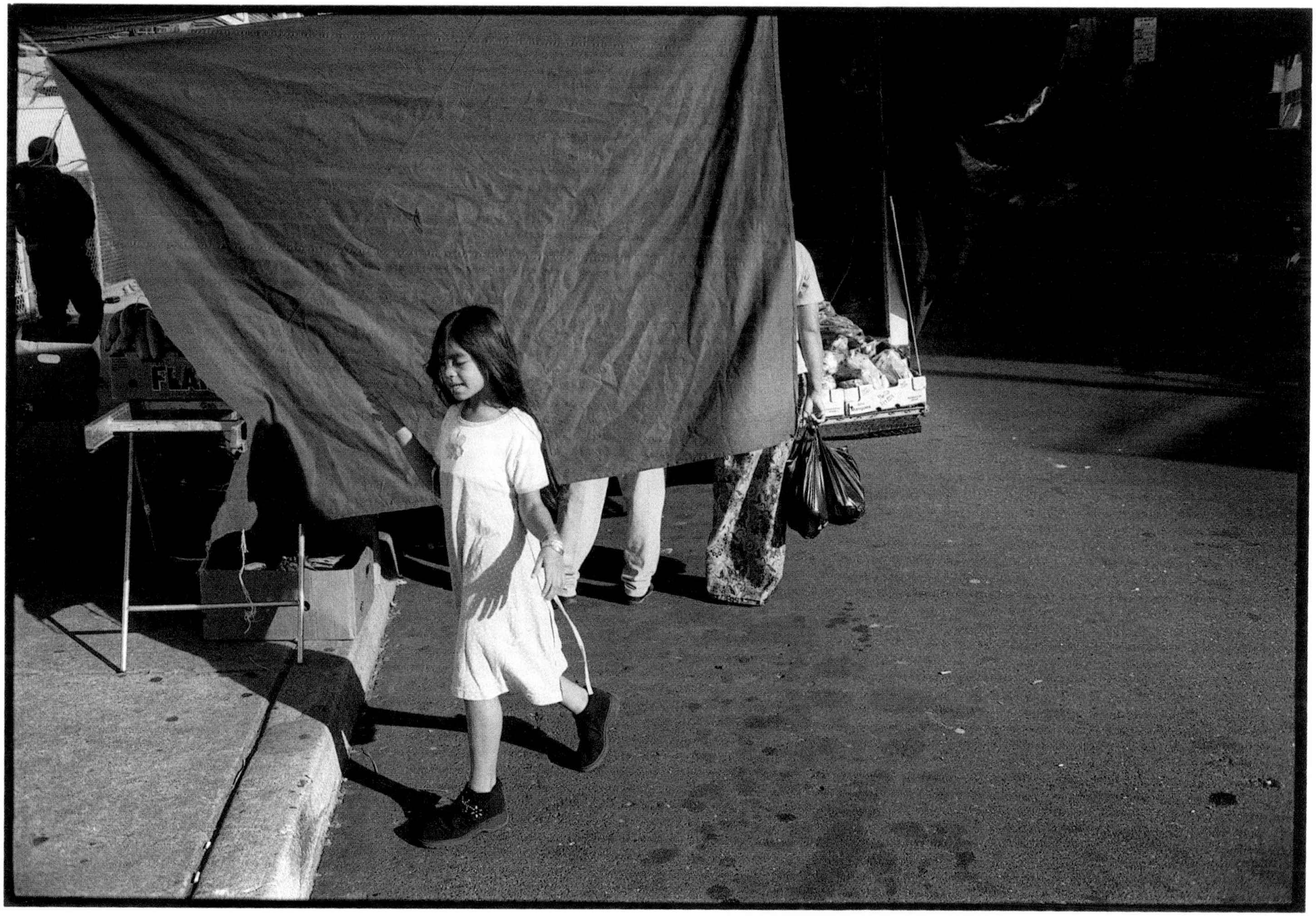

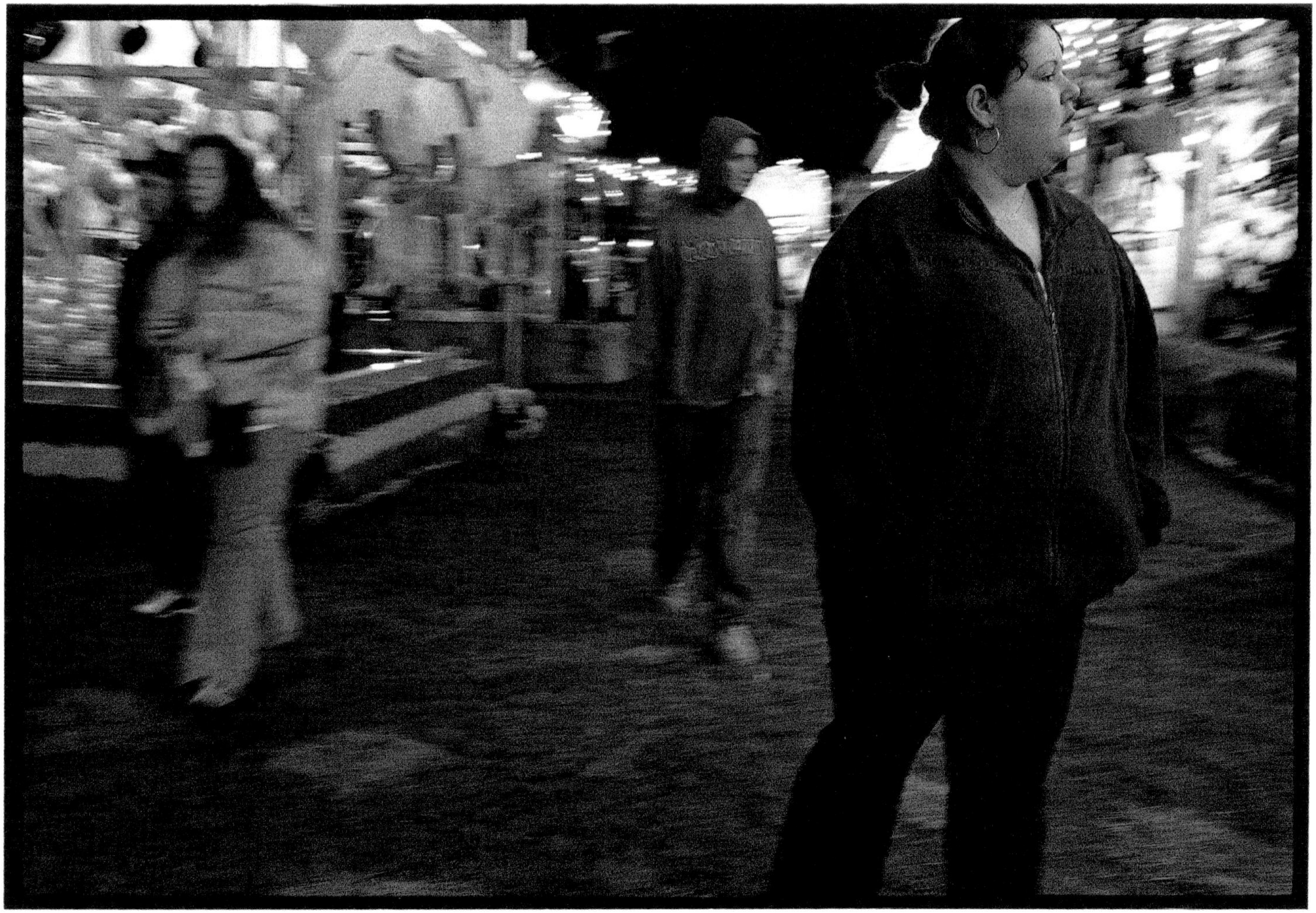

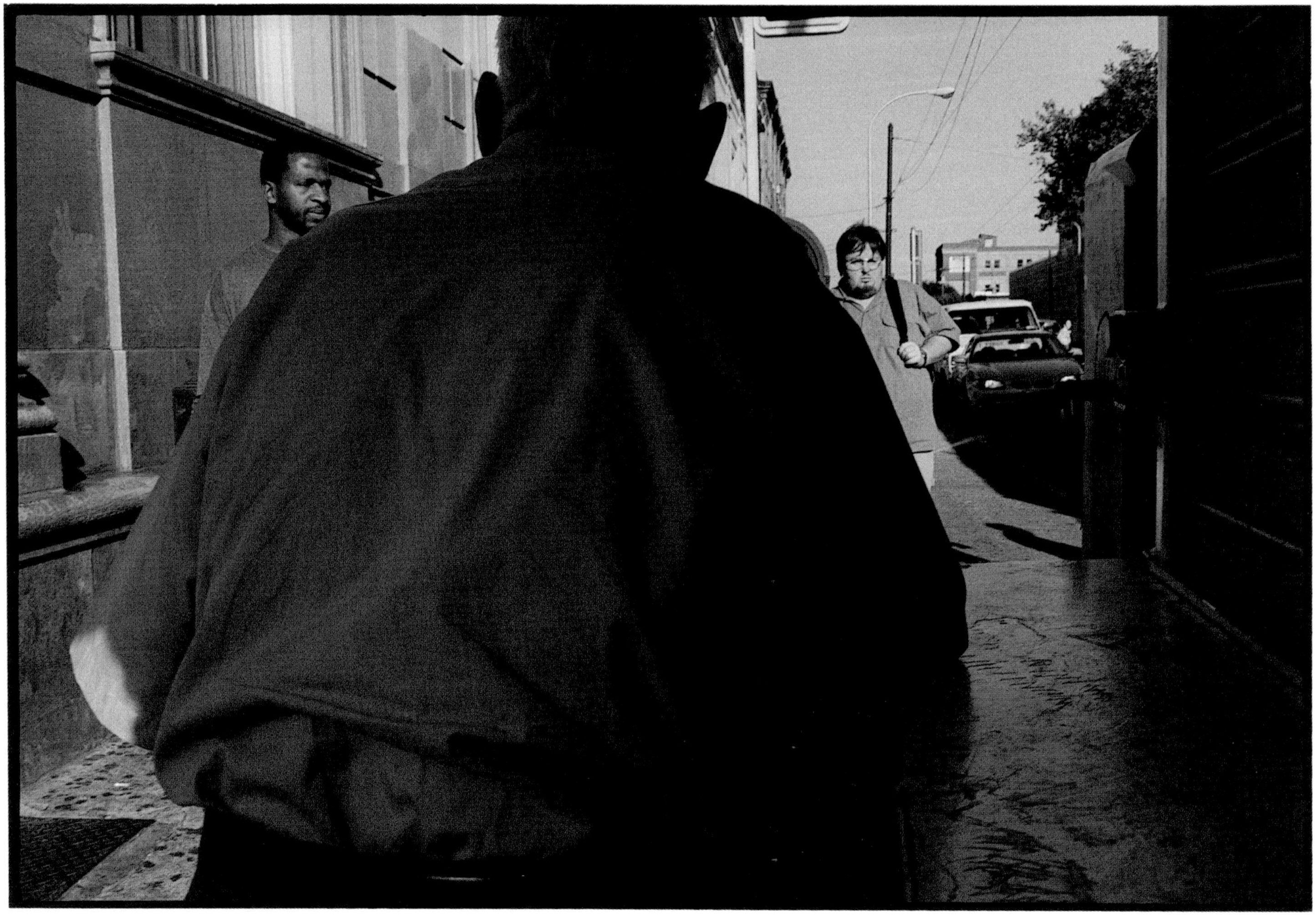

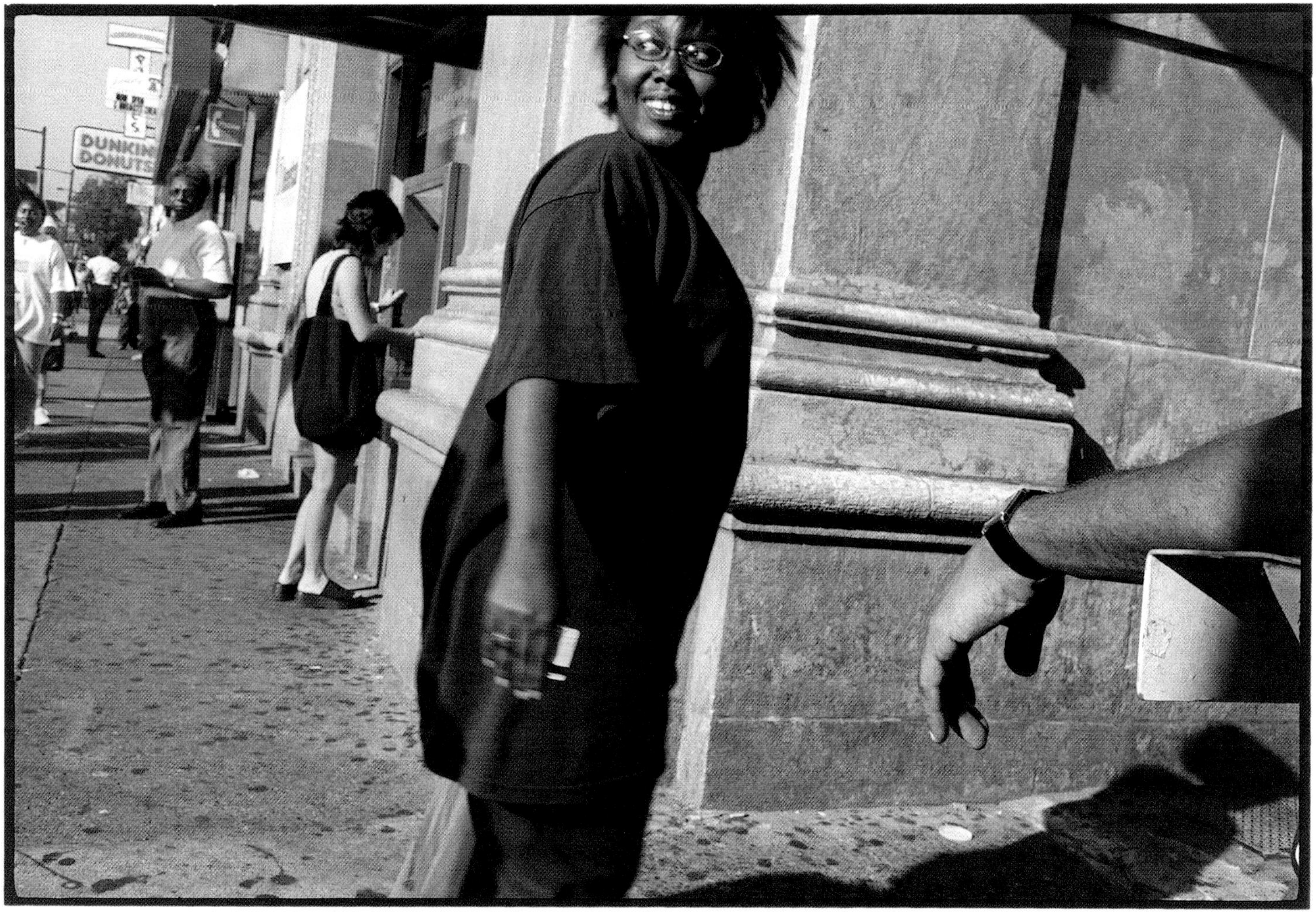
DUNKIN
DONUTS

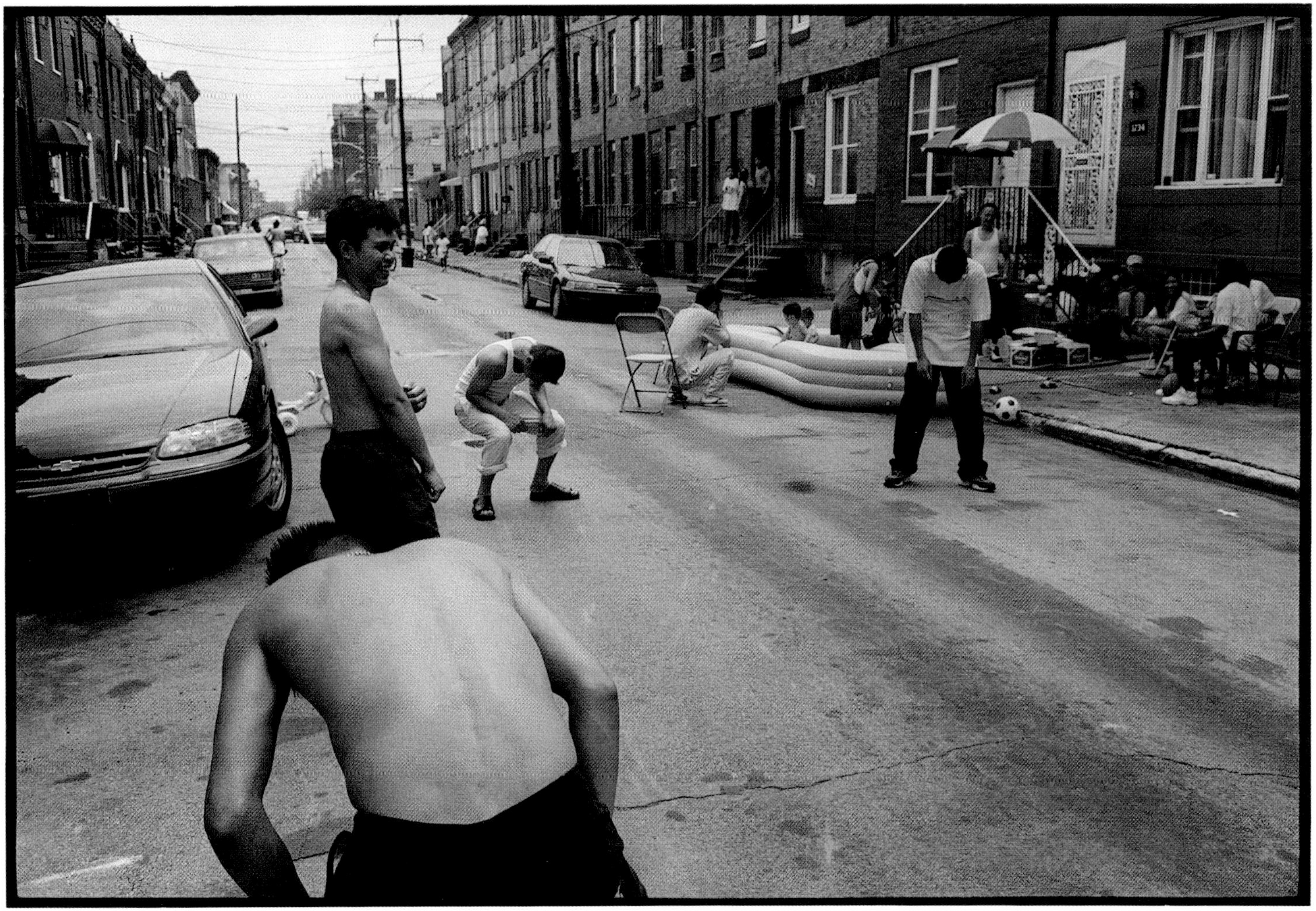

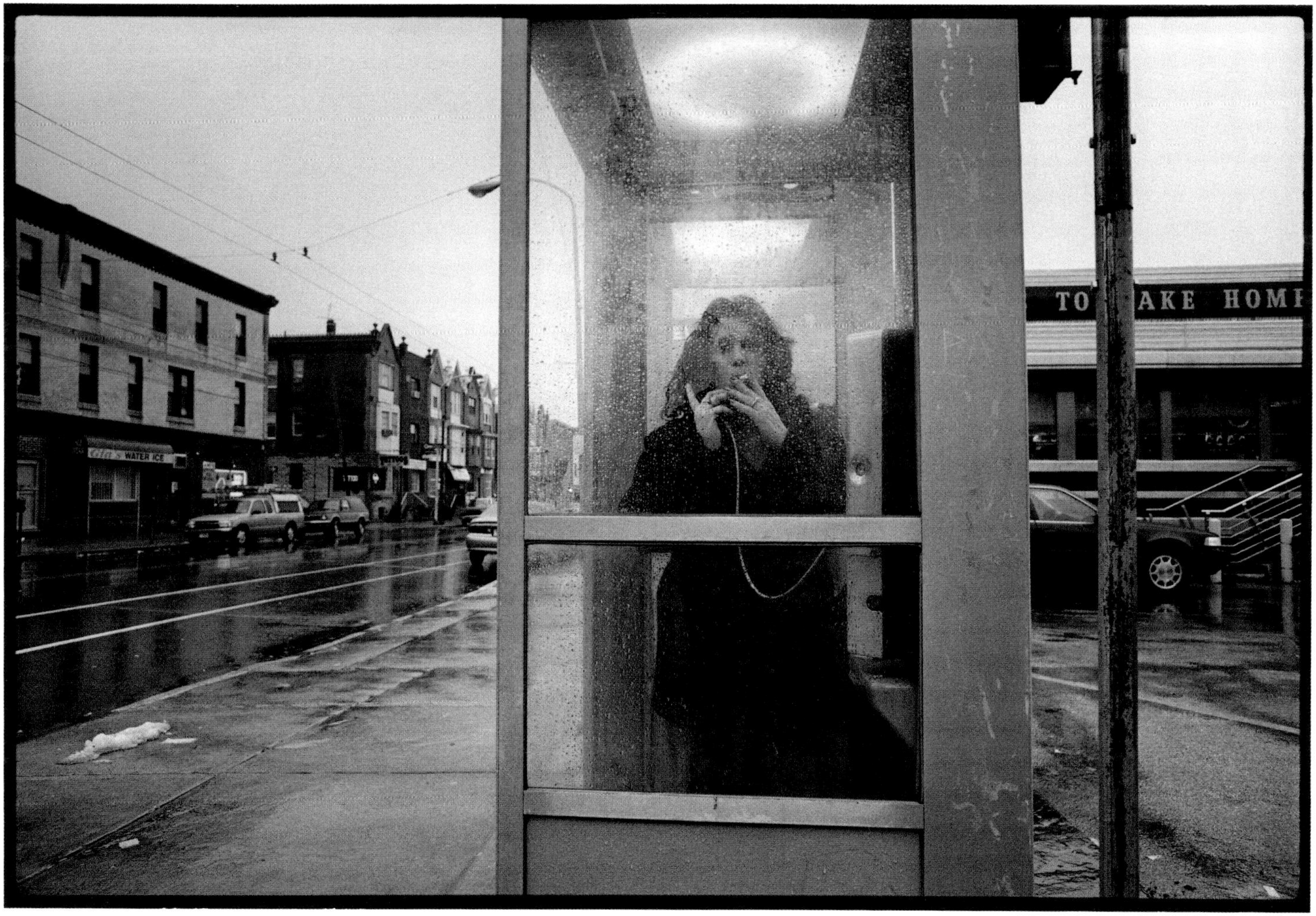
WATER ICE

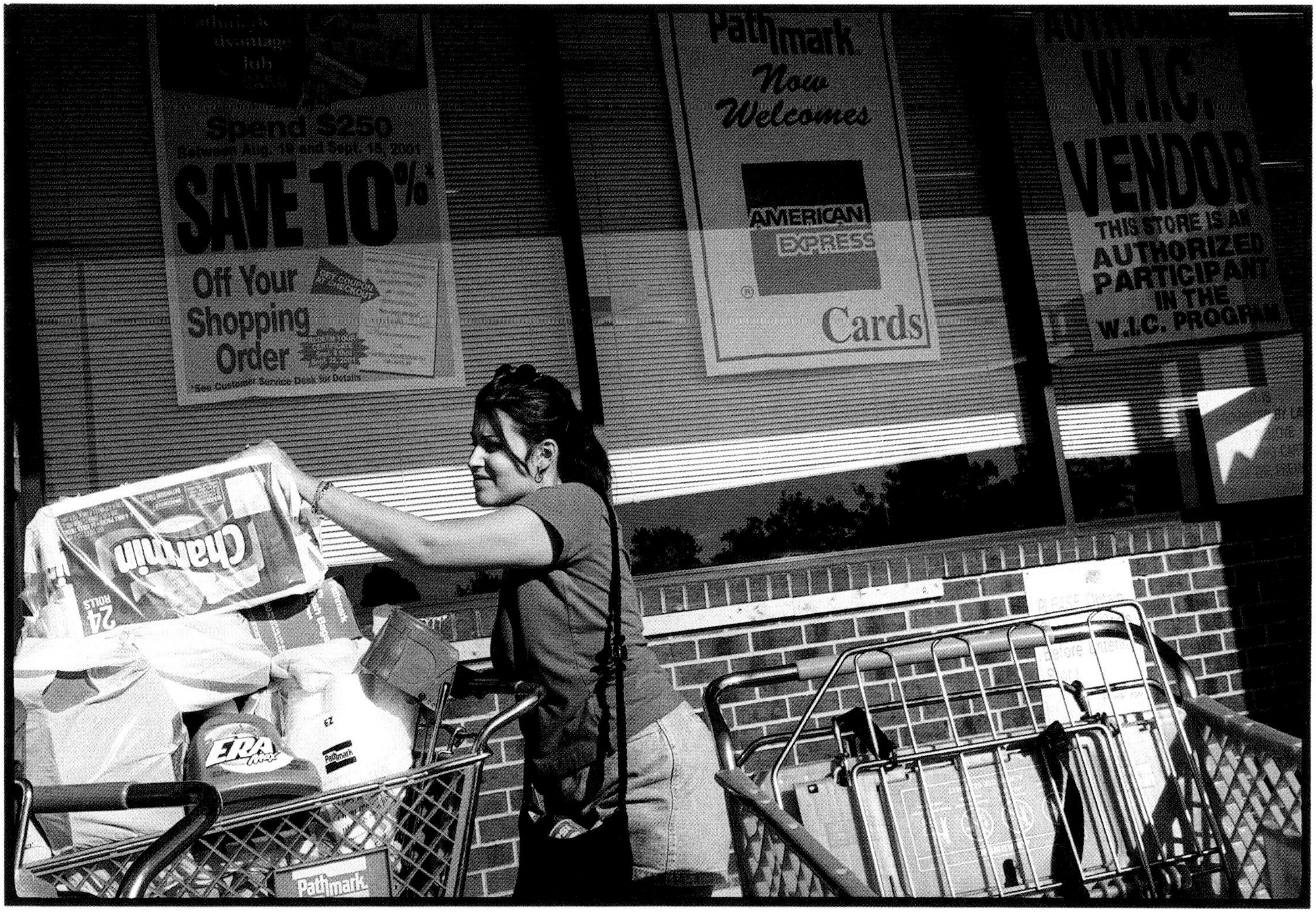
Spend $250
SAVE 10%*
Off Your Shopping Order
*See Customer Service Desk for Details
Pathmark
Now Welcomes
AMERICAN EXPRESS
Cards
VENDOR
THIS STORE IS AN AUTHORIZED PARTICIPANT IN THE W.I.C. PROGRAM
Charmin
24 ROLLS
ERA
Pathmark

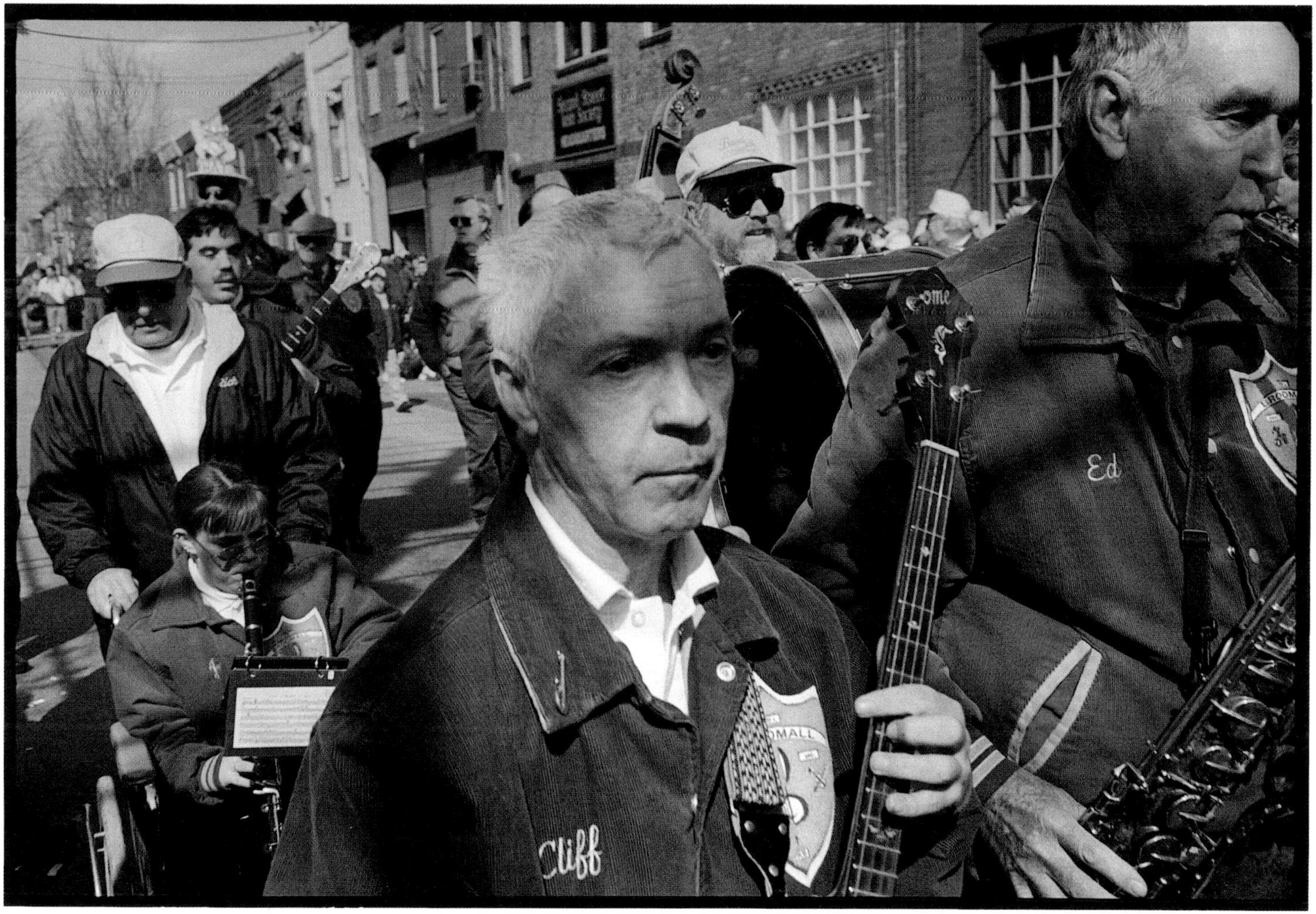
Cliff
Ed

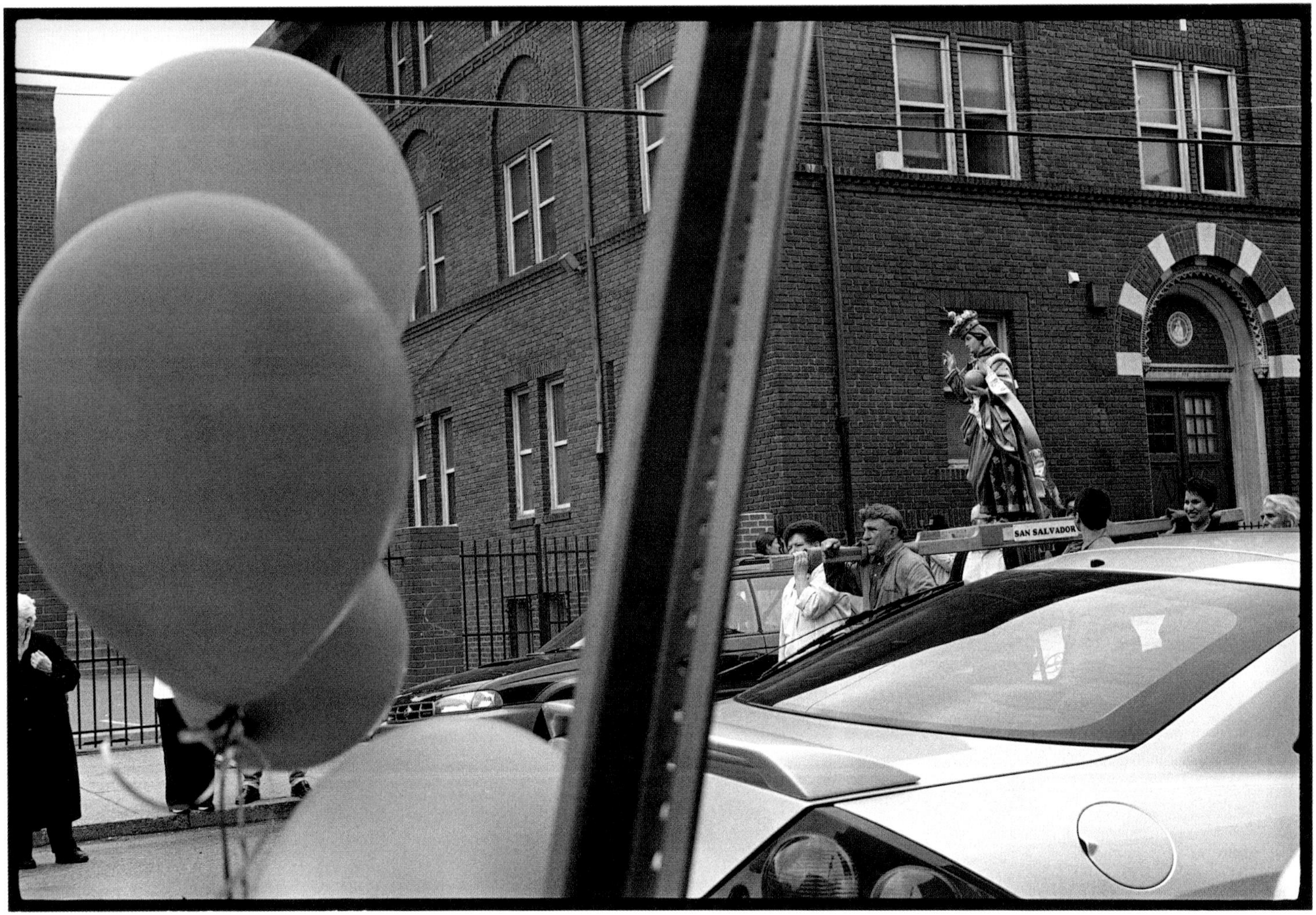
SAN SALVADOR

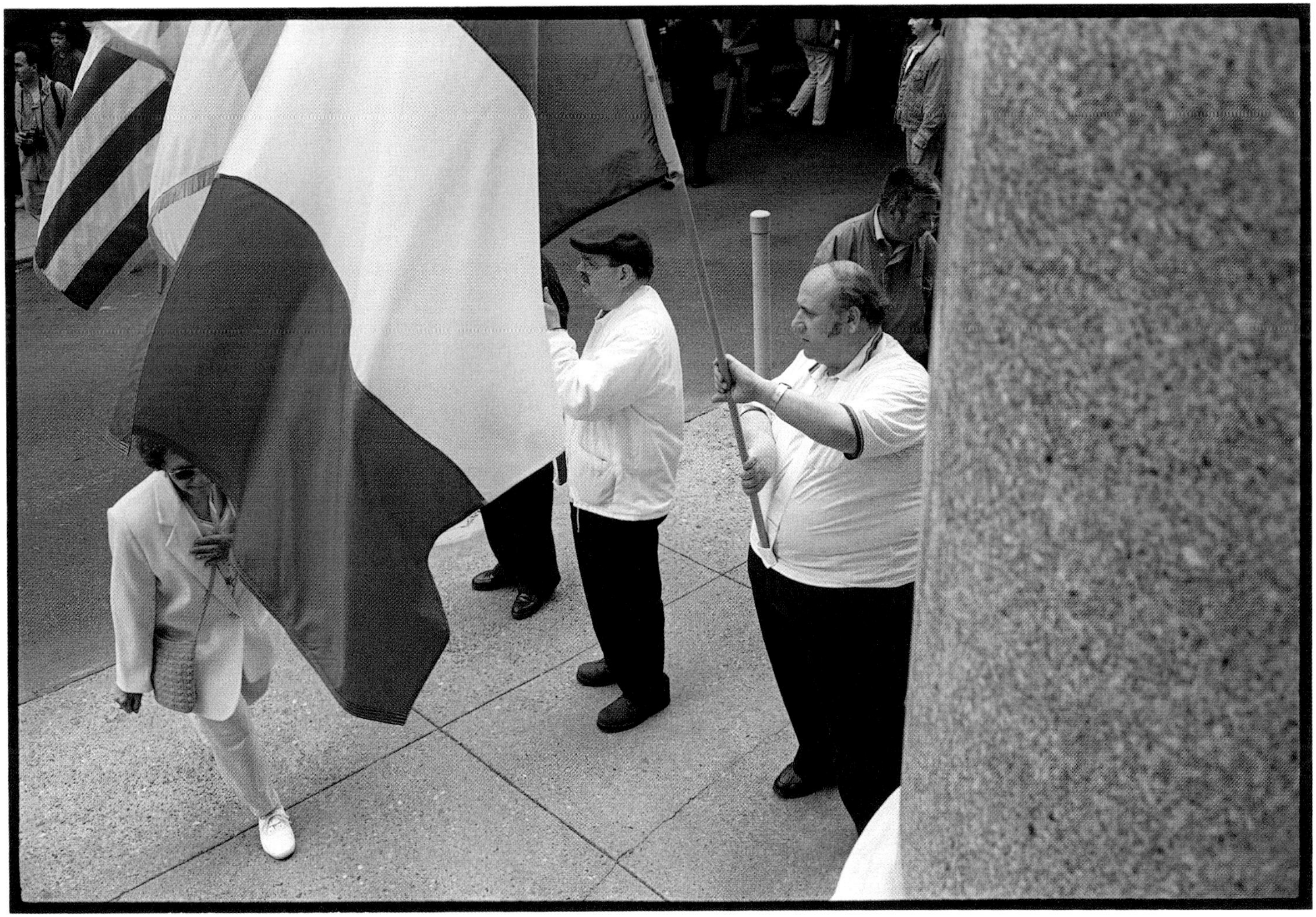

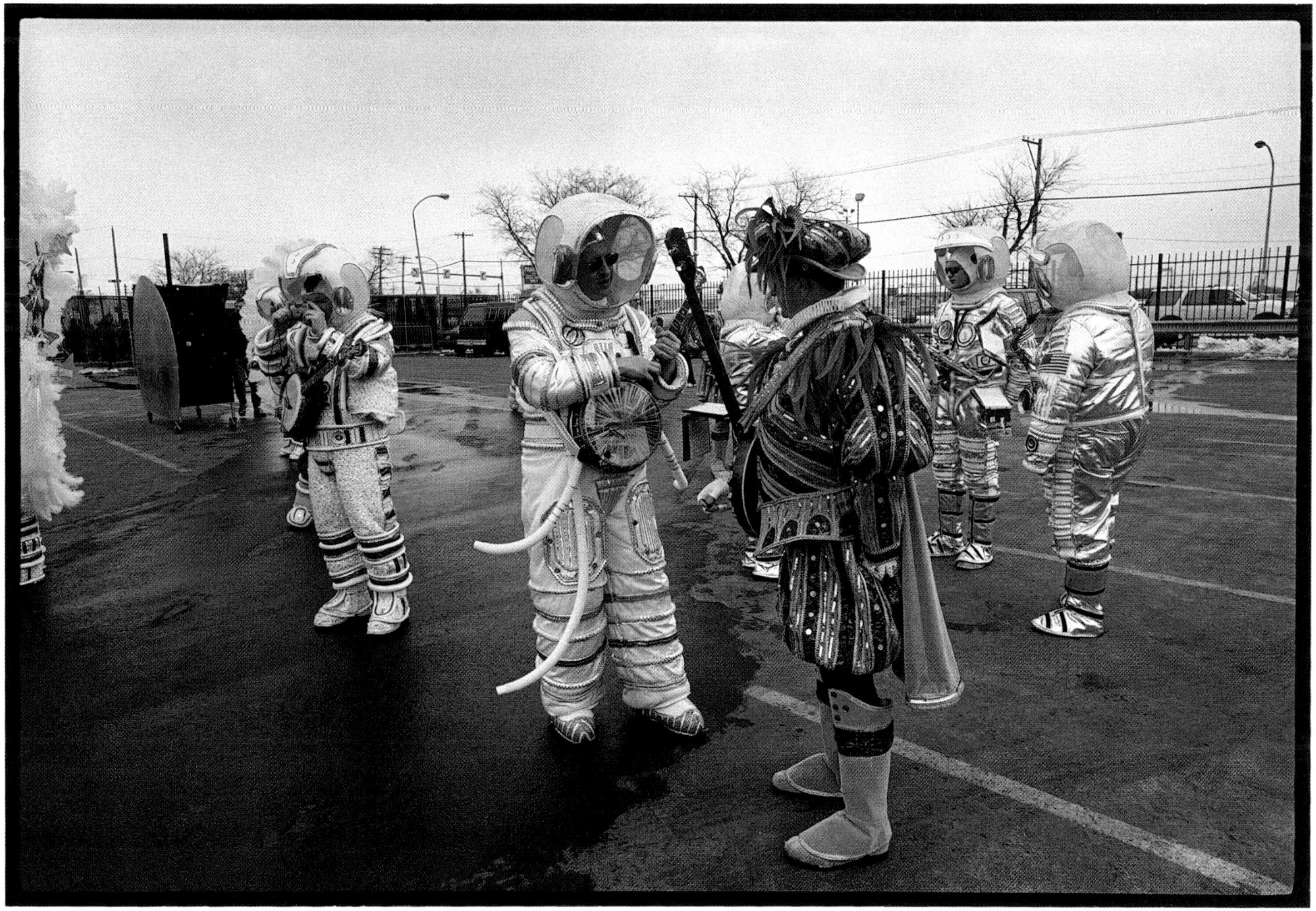

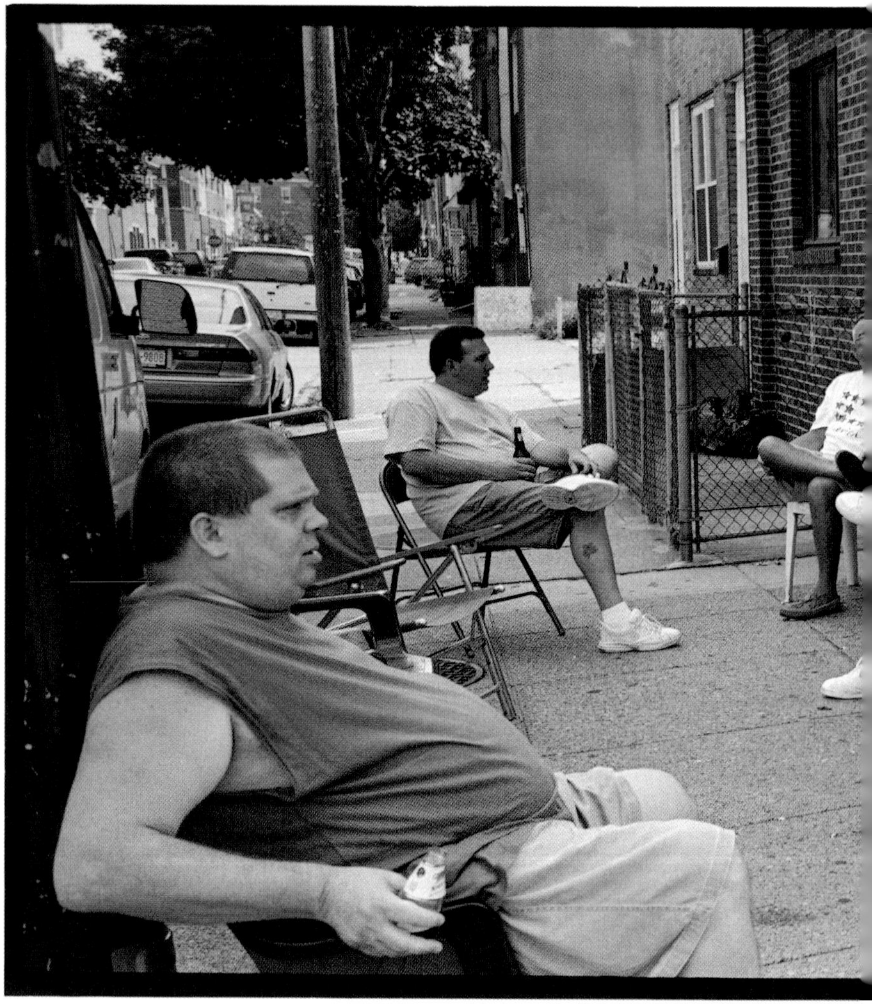

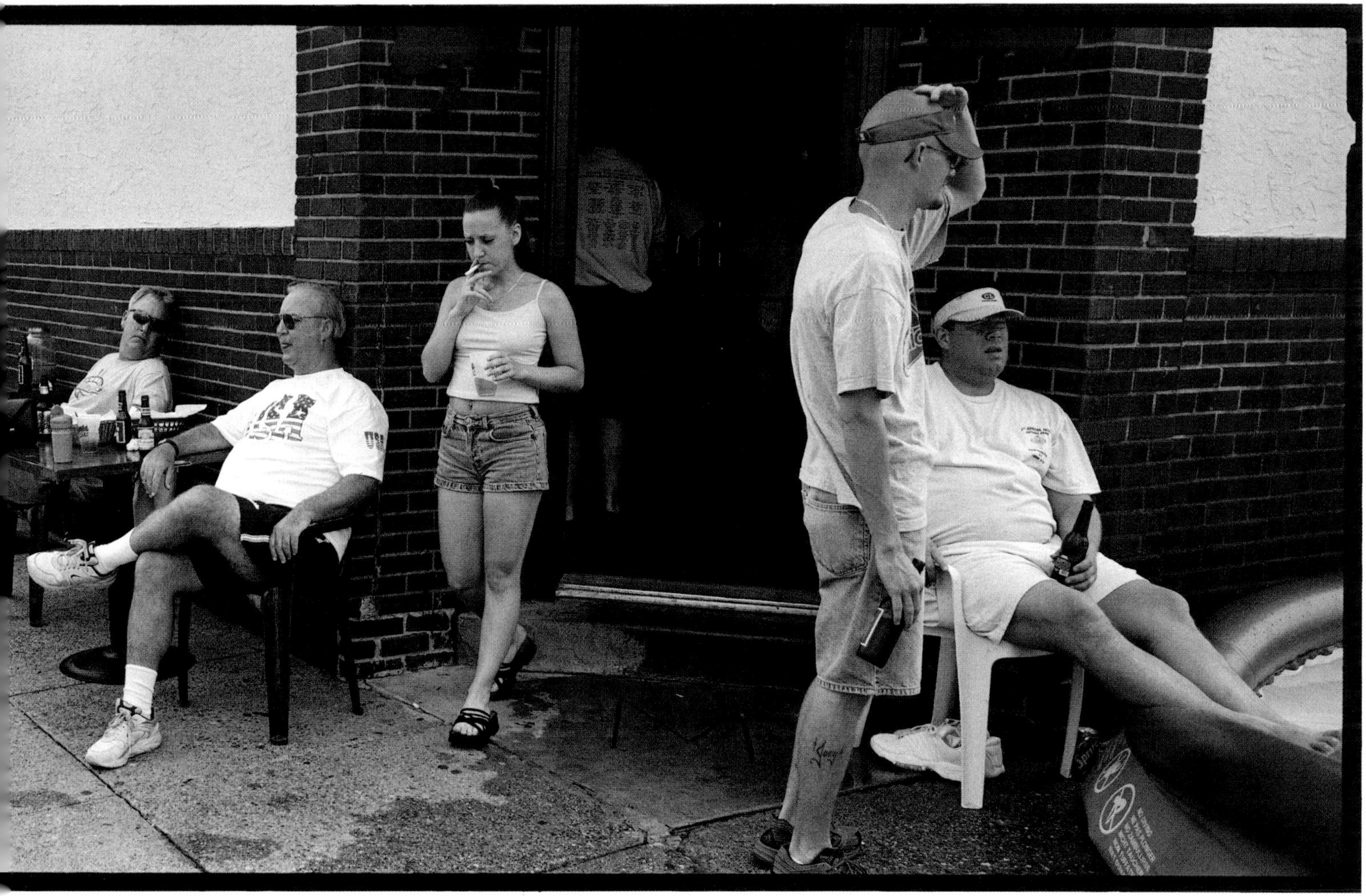

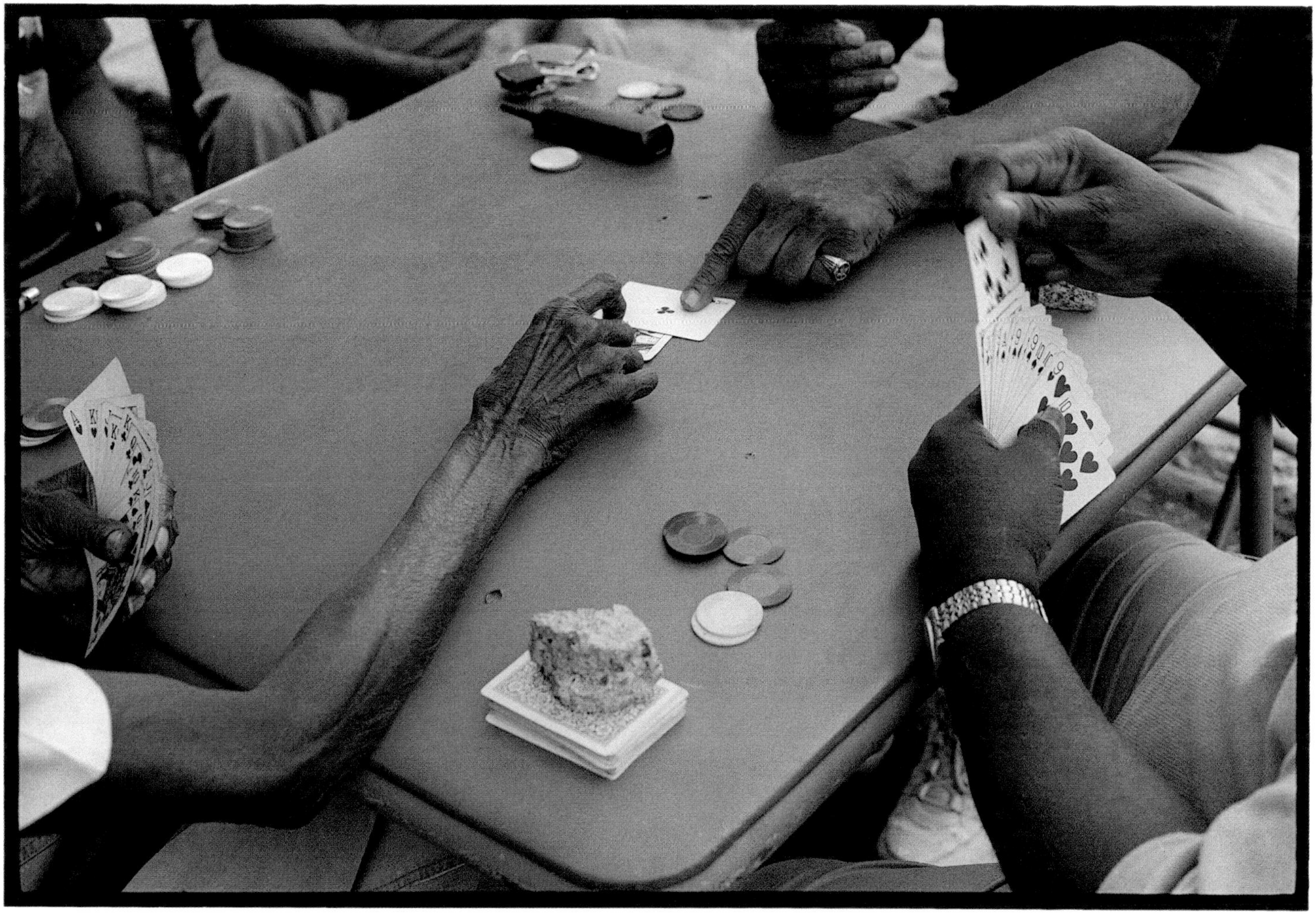

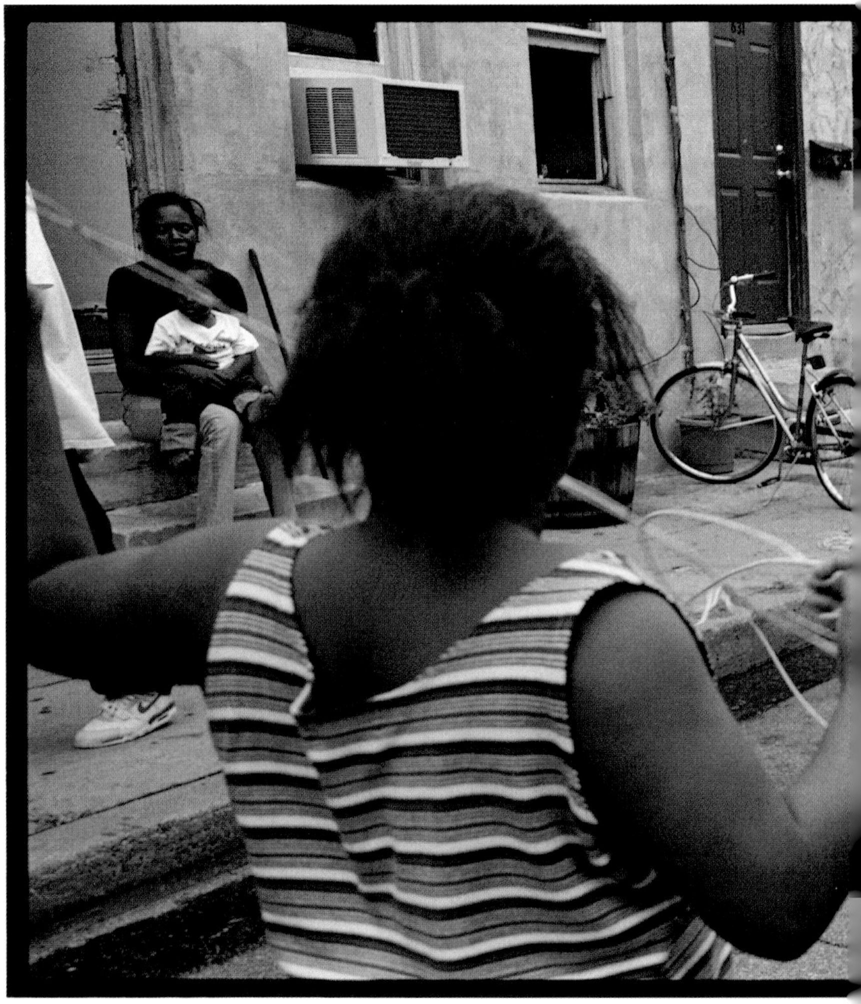

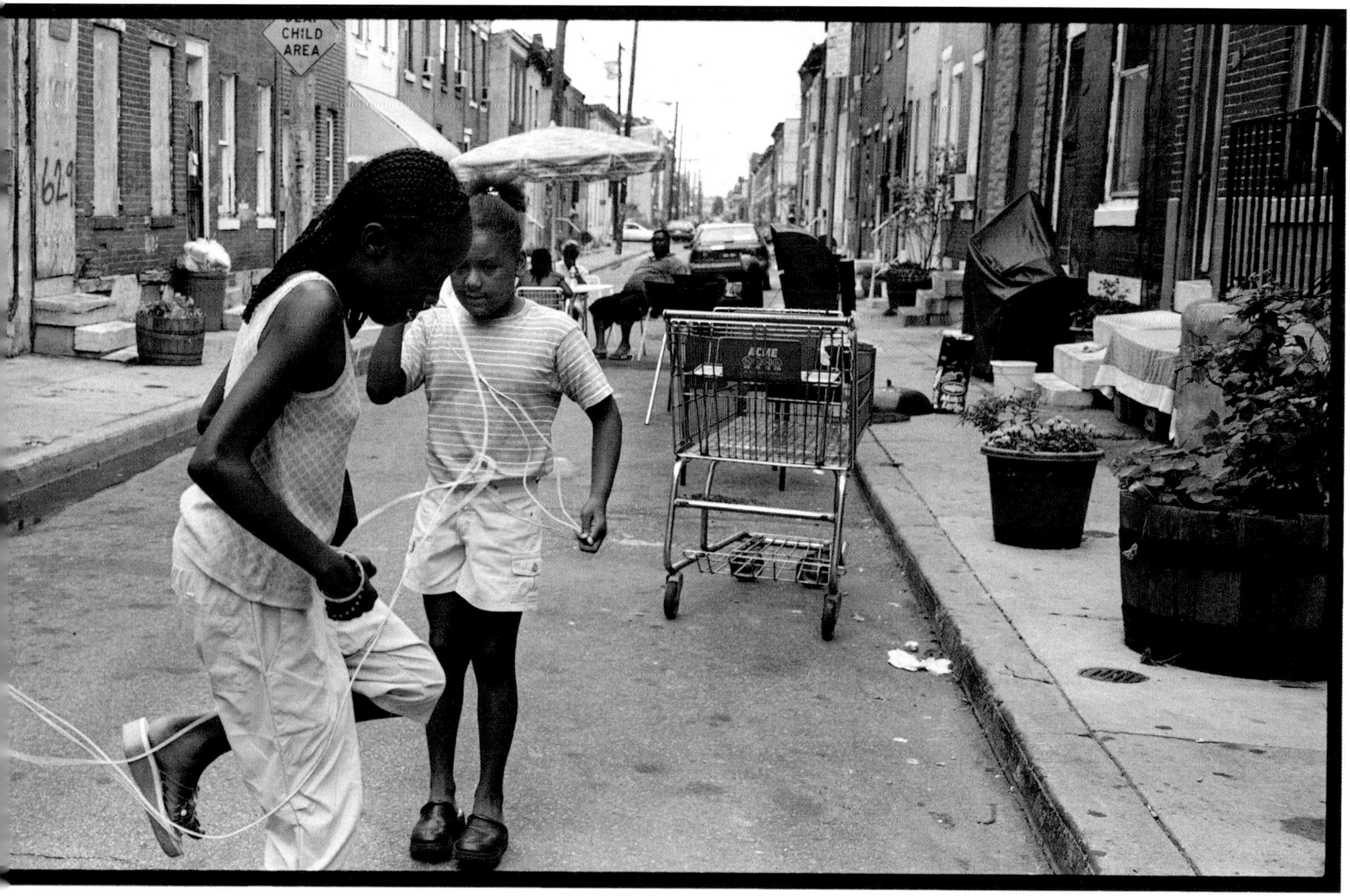
CHILD
AREA
629
ACME

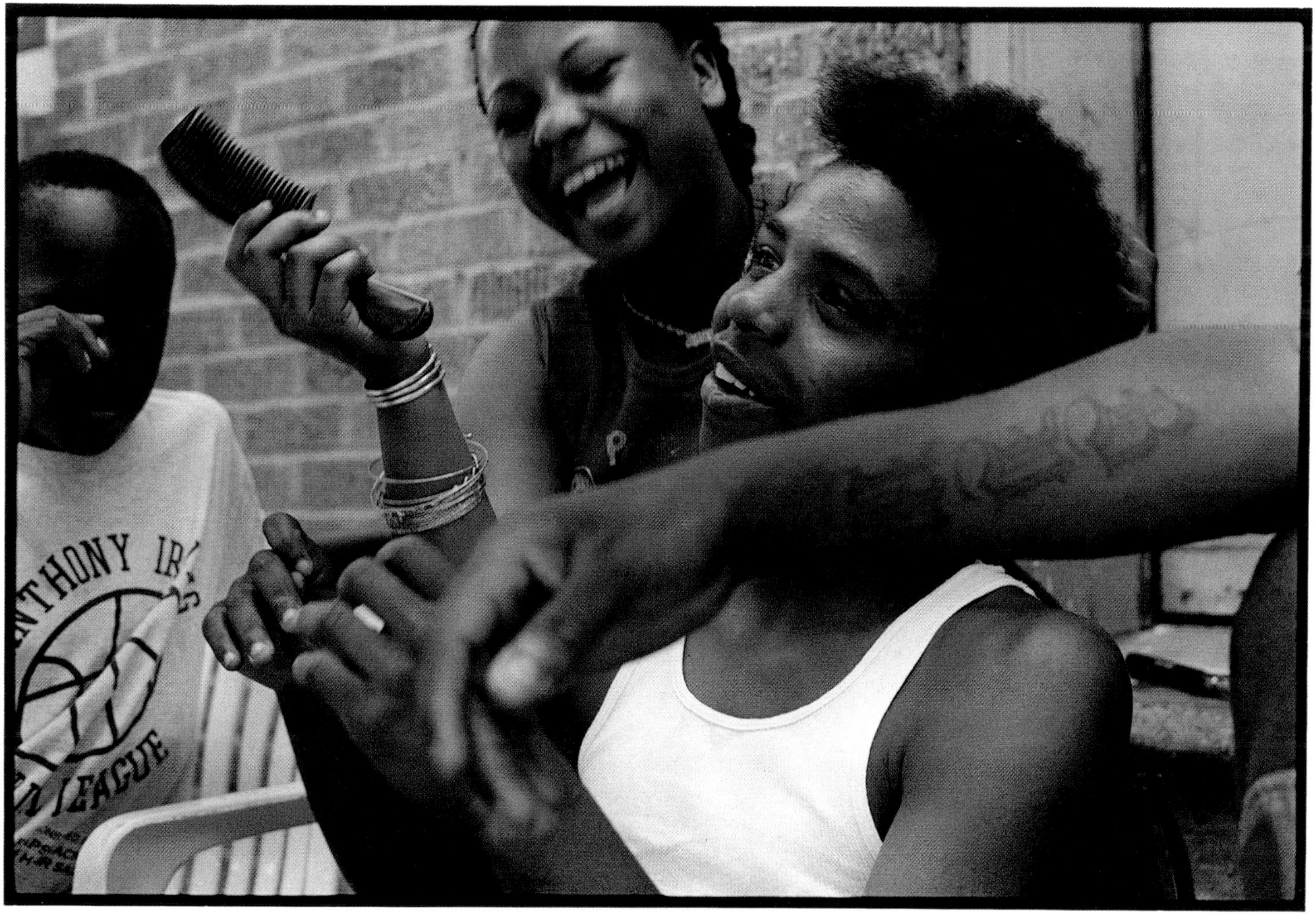
ANTHONY
LEAGUE

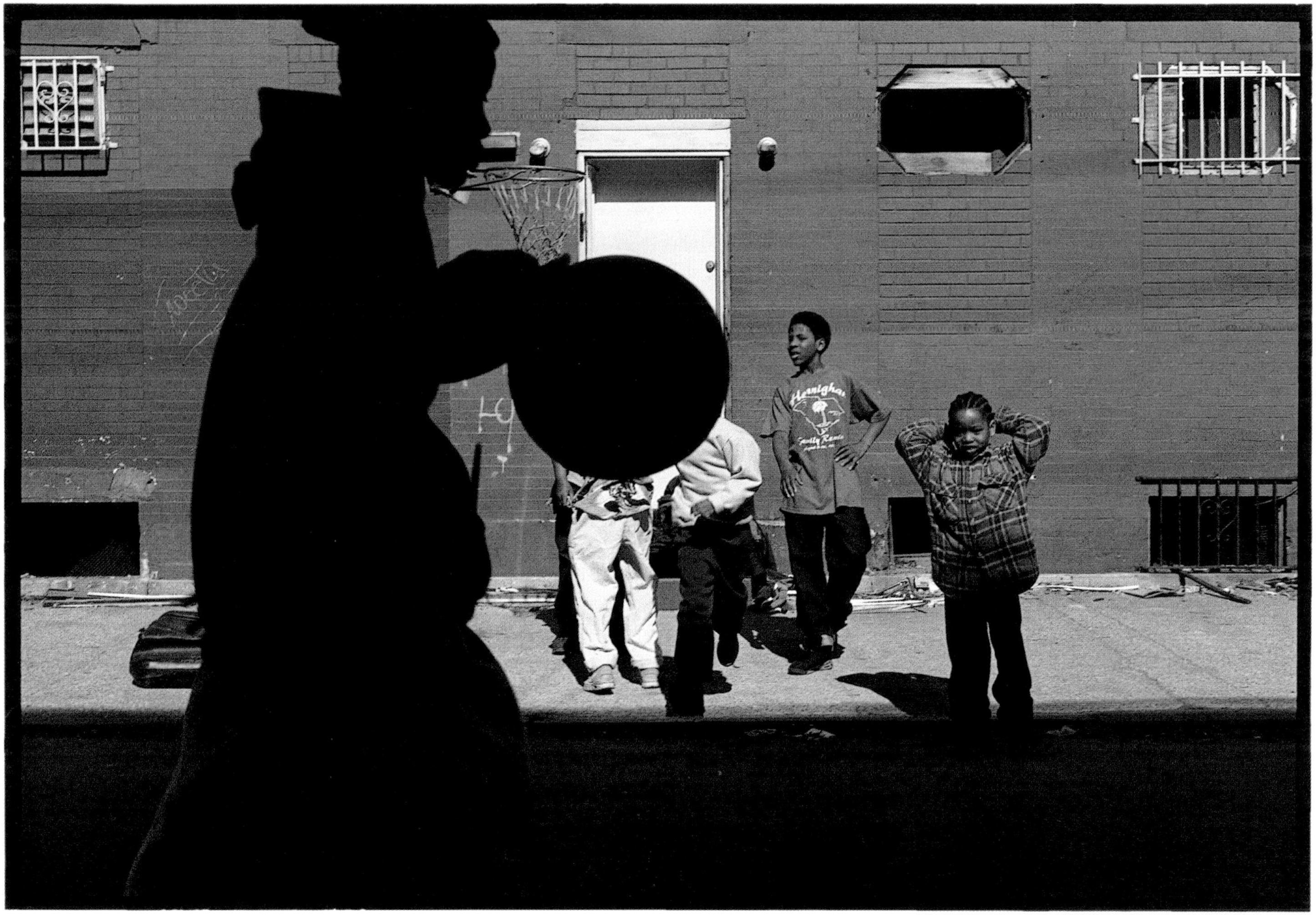

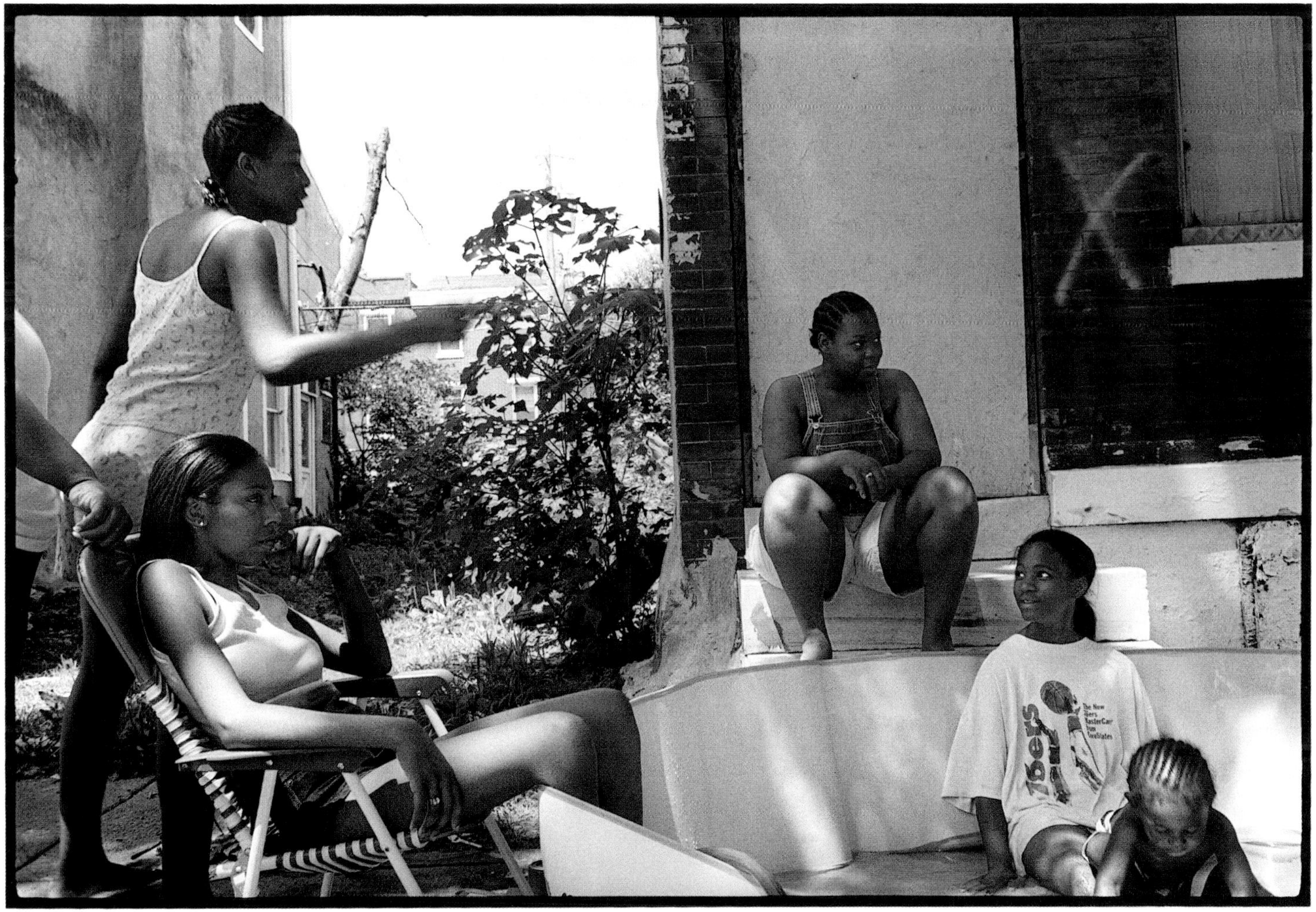

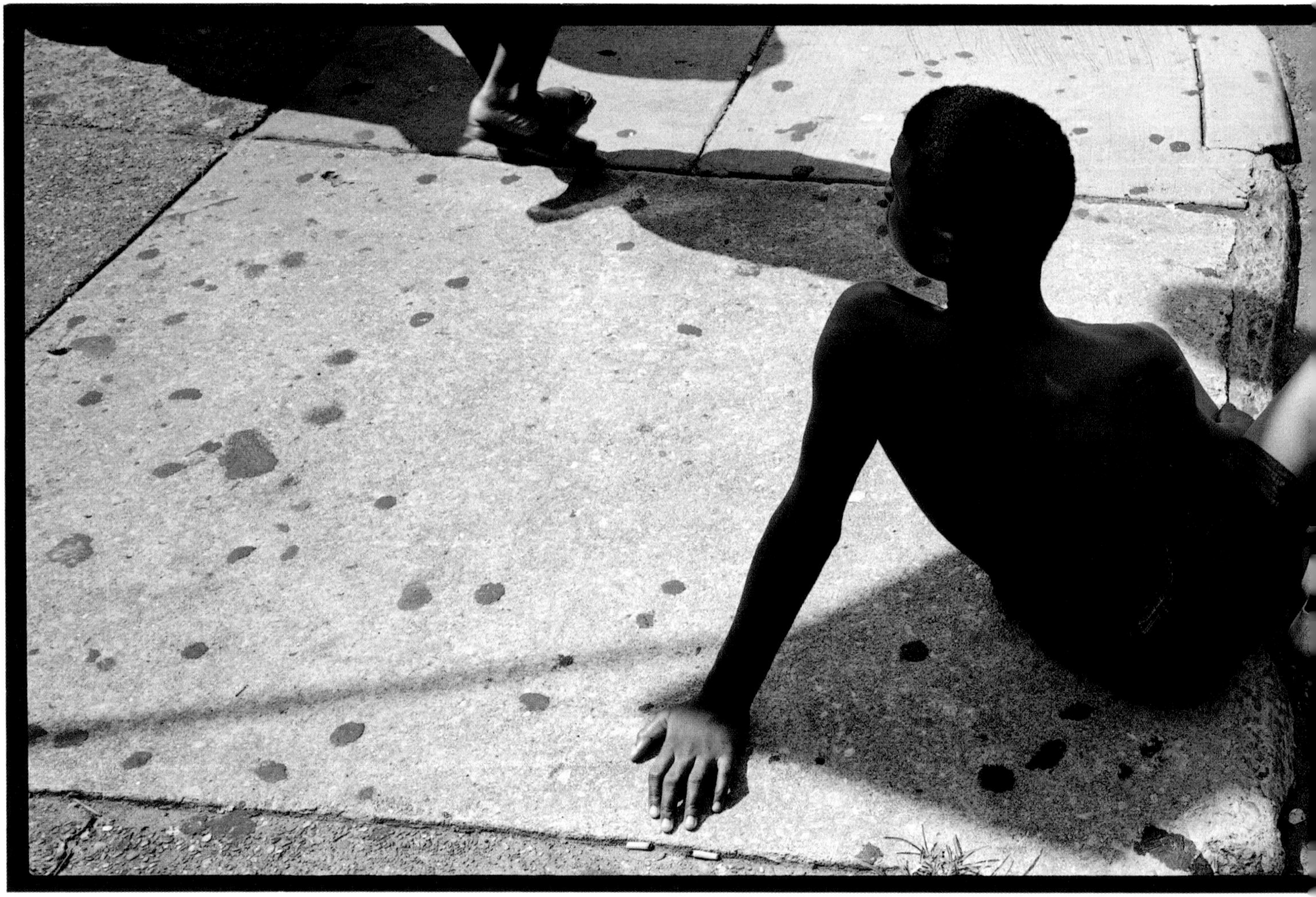

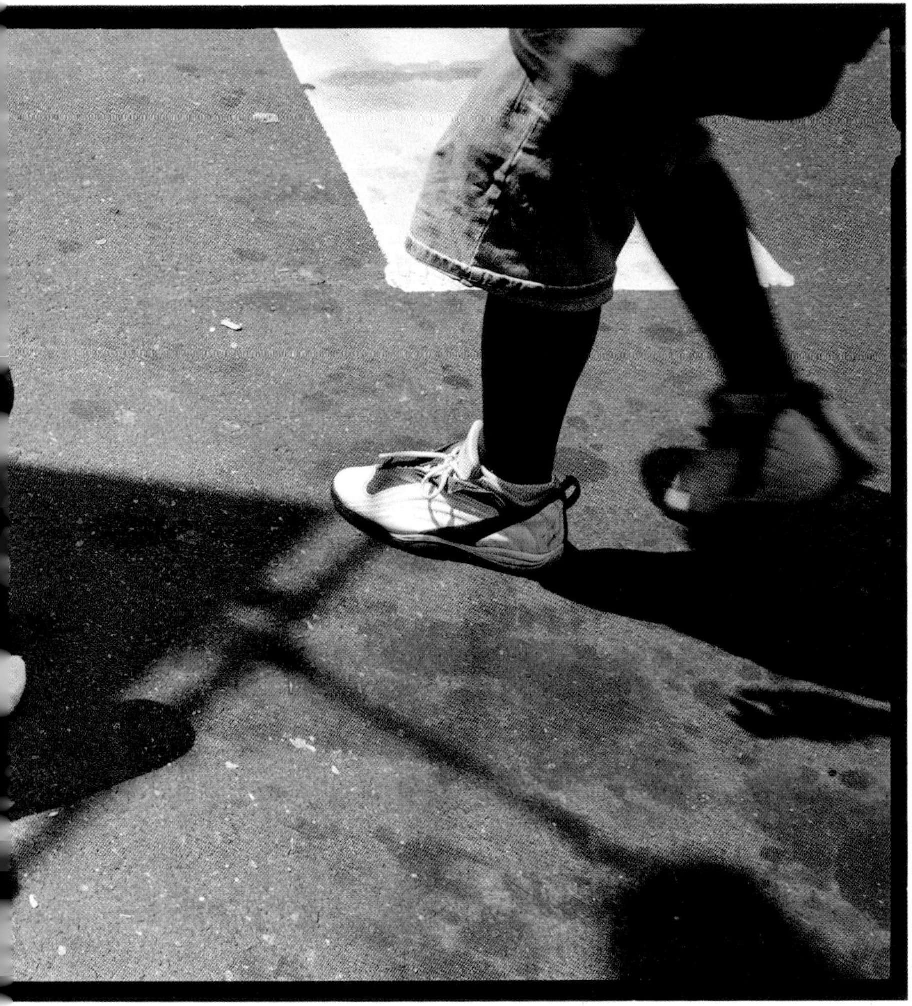

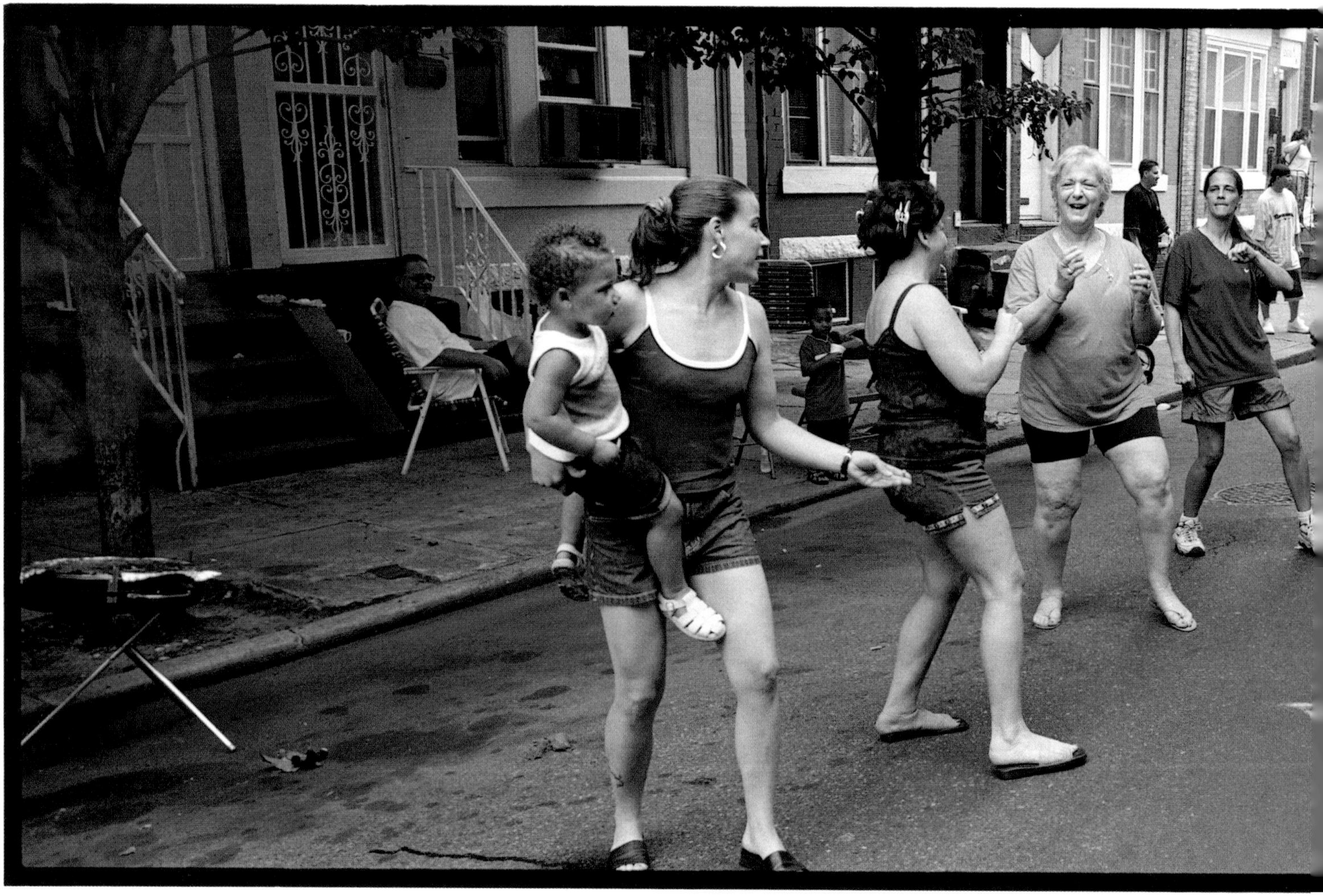

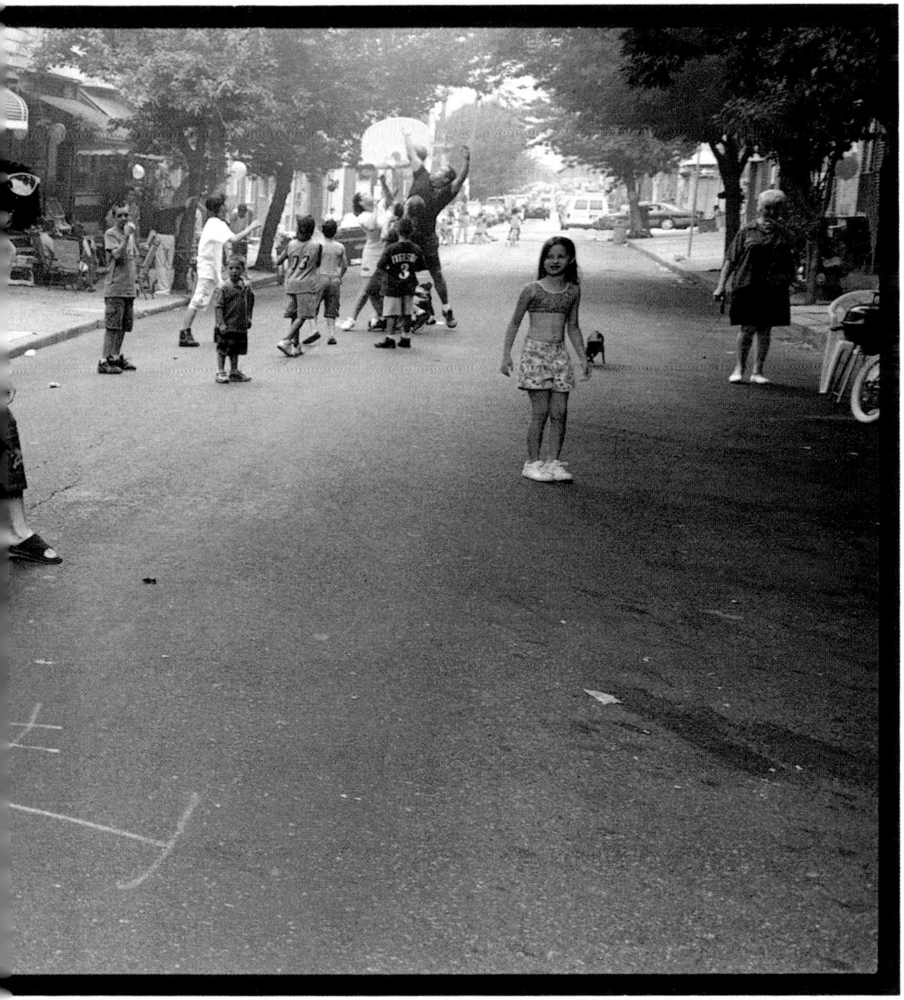

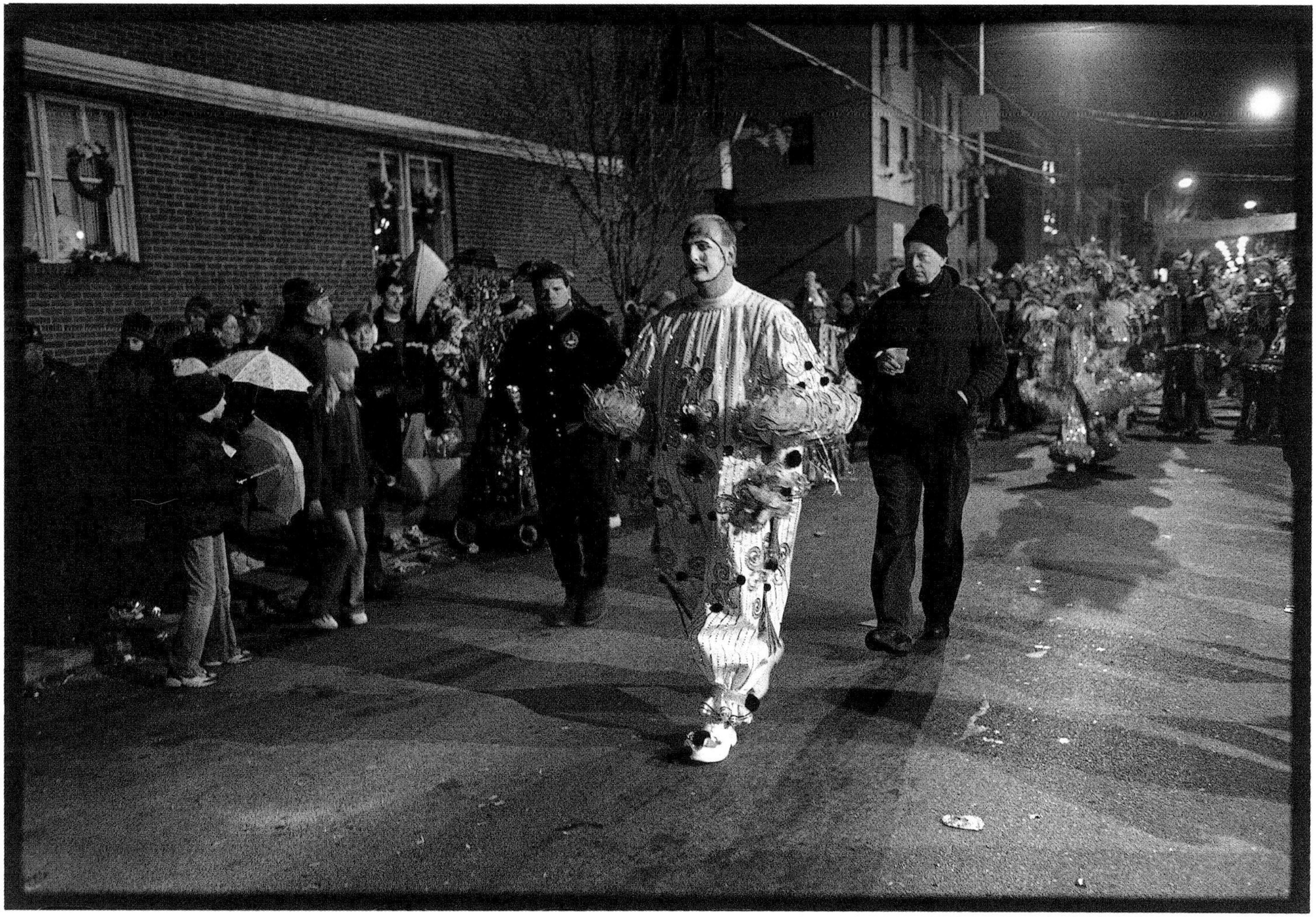

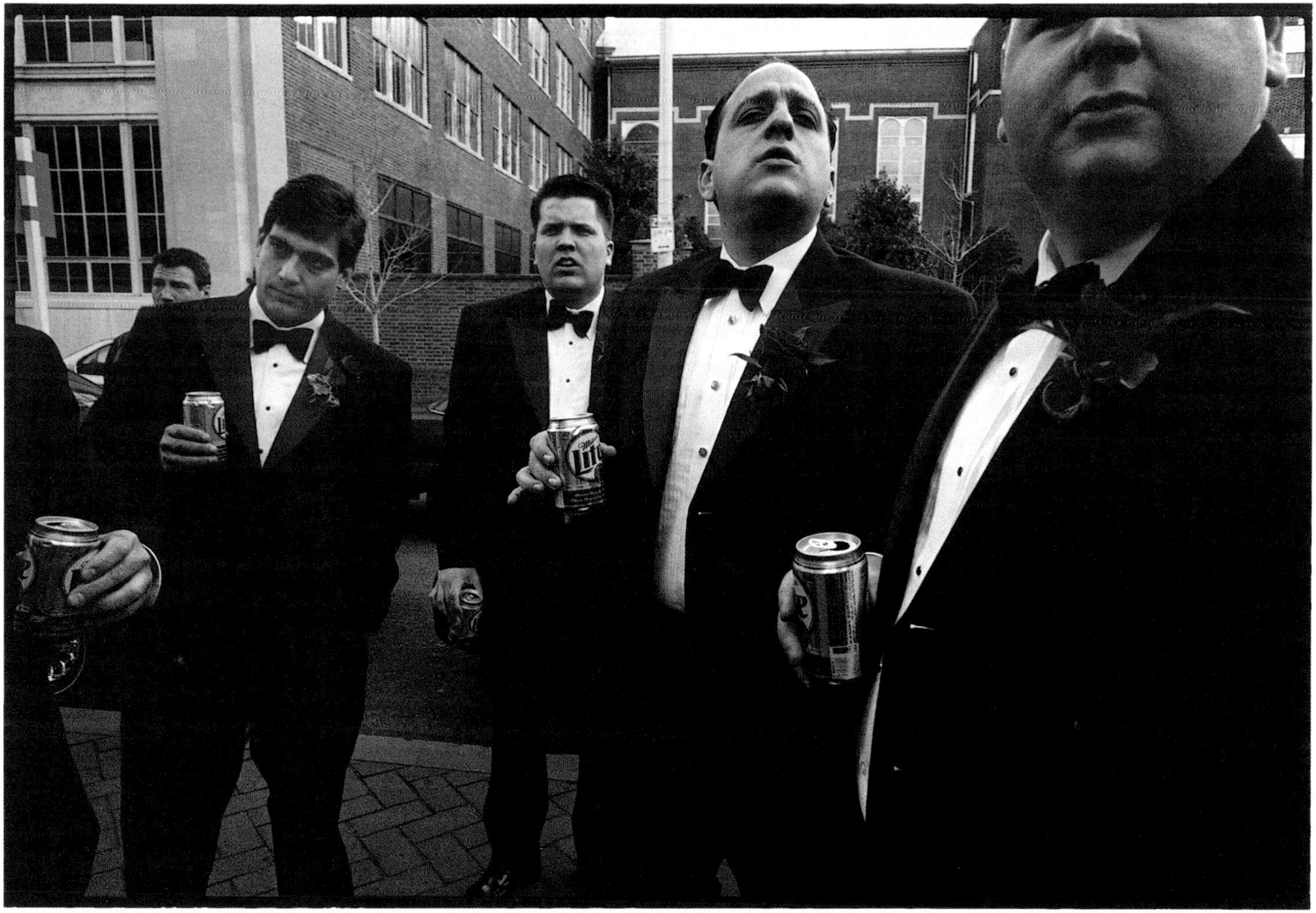

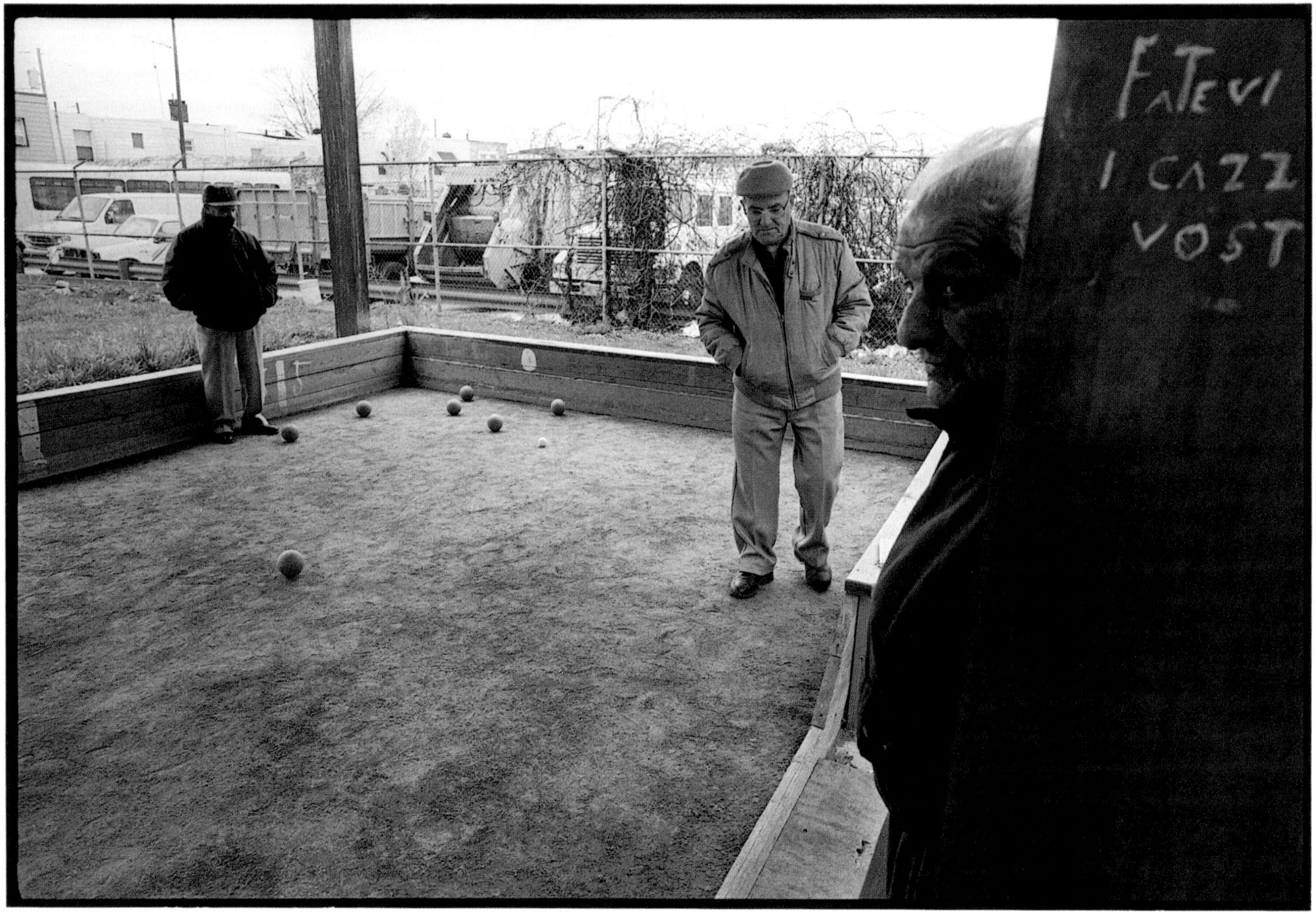
FATEVI
I CAZZ
VOST

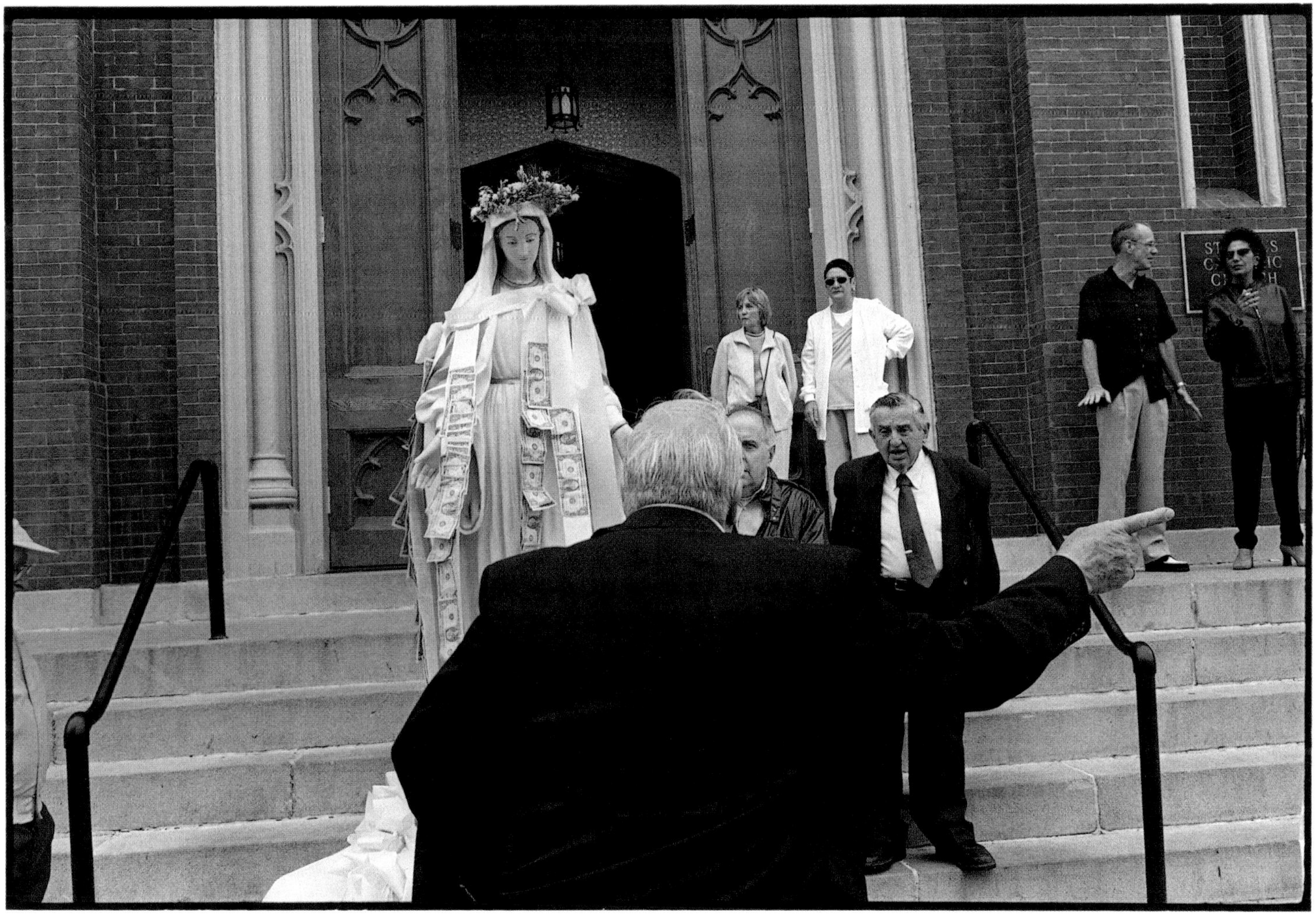

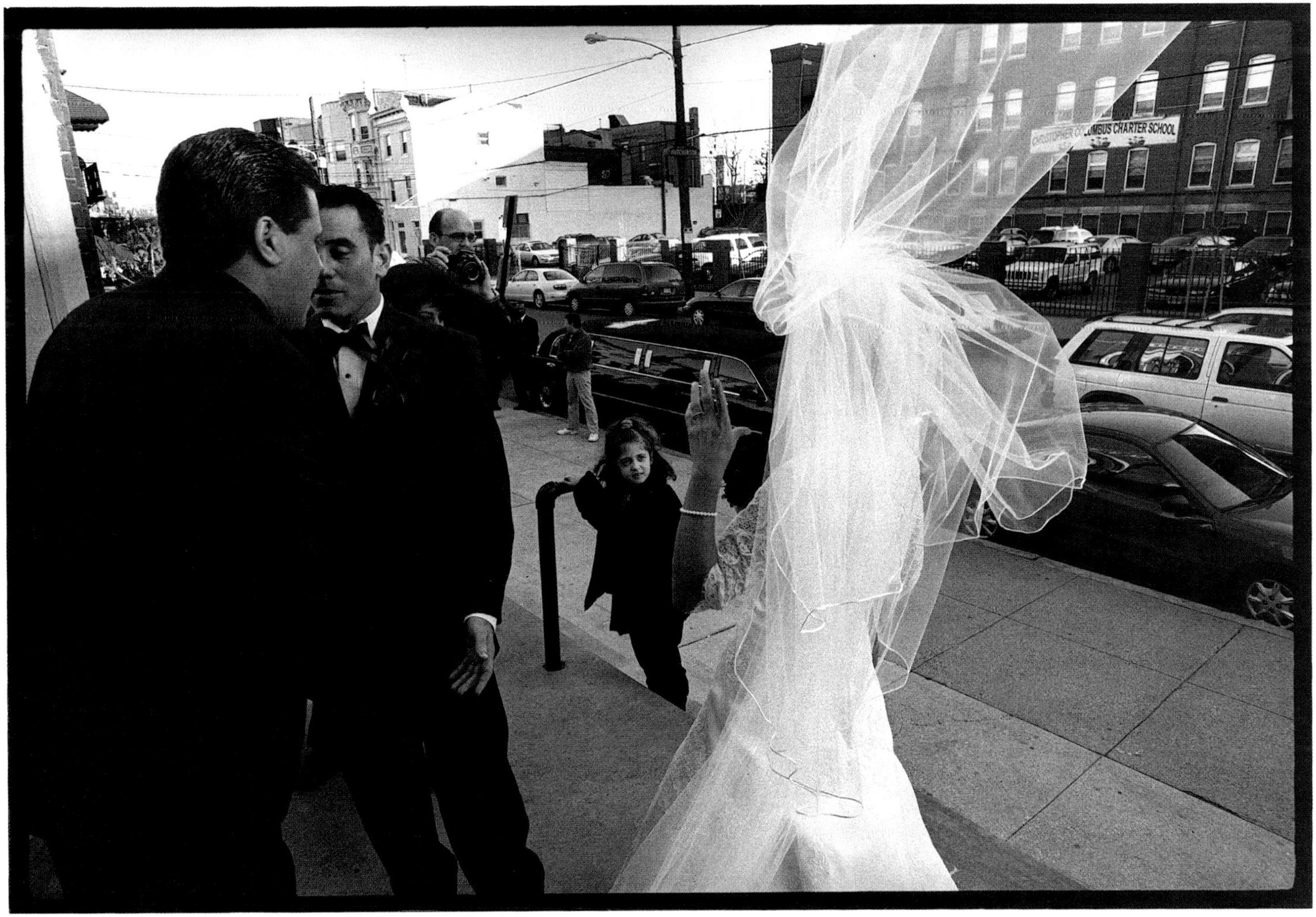
CHRISTOPHER COLUMBUS CHARTER SCHOOL

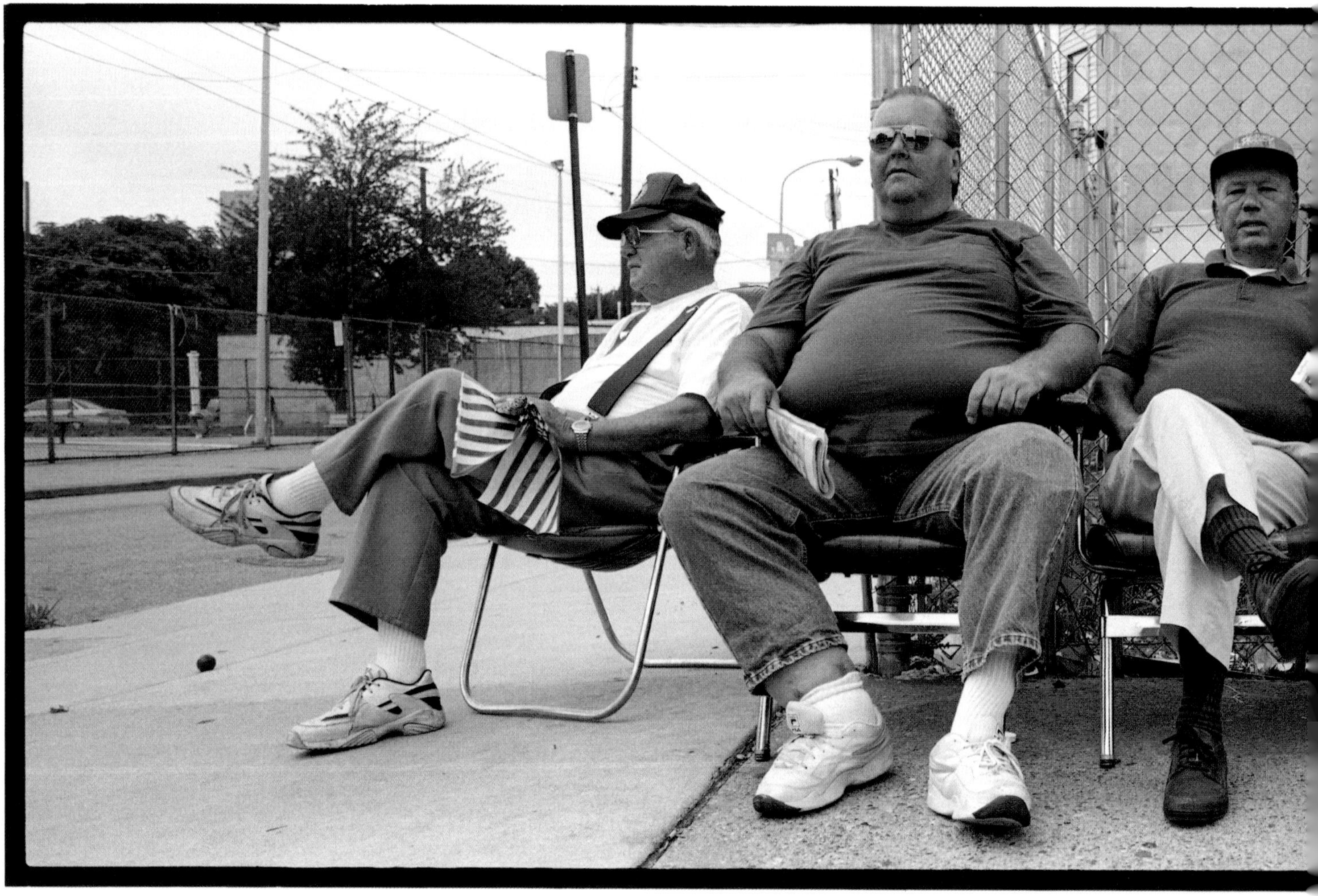

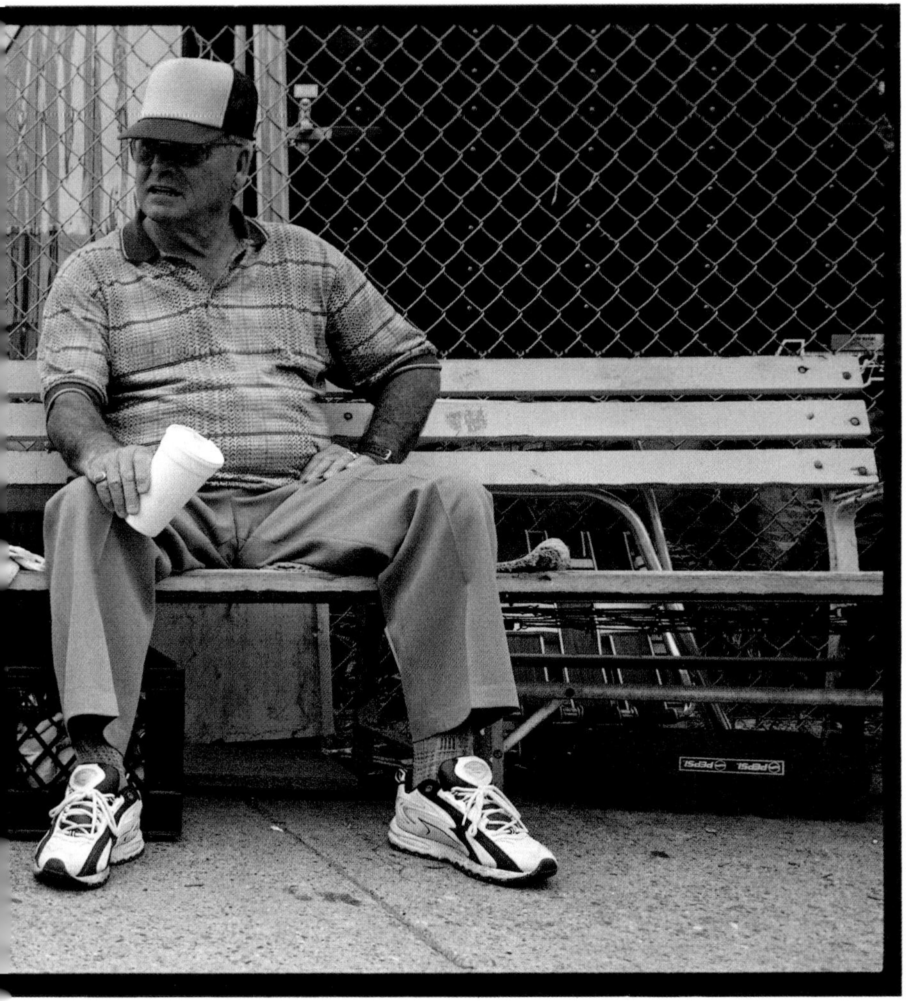
PEPSI
PEPSI

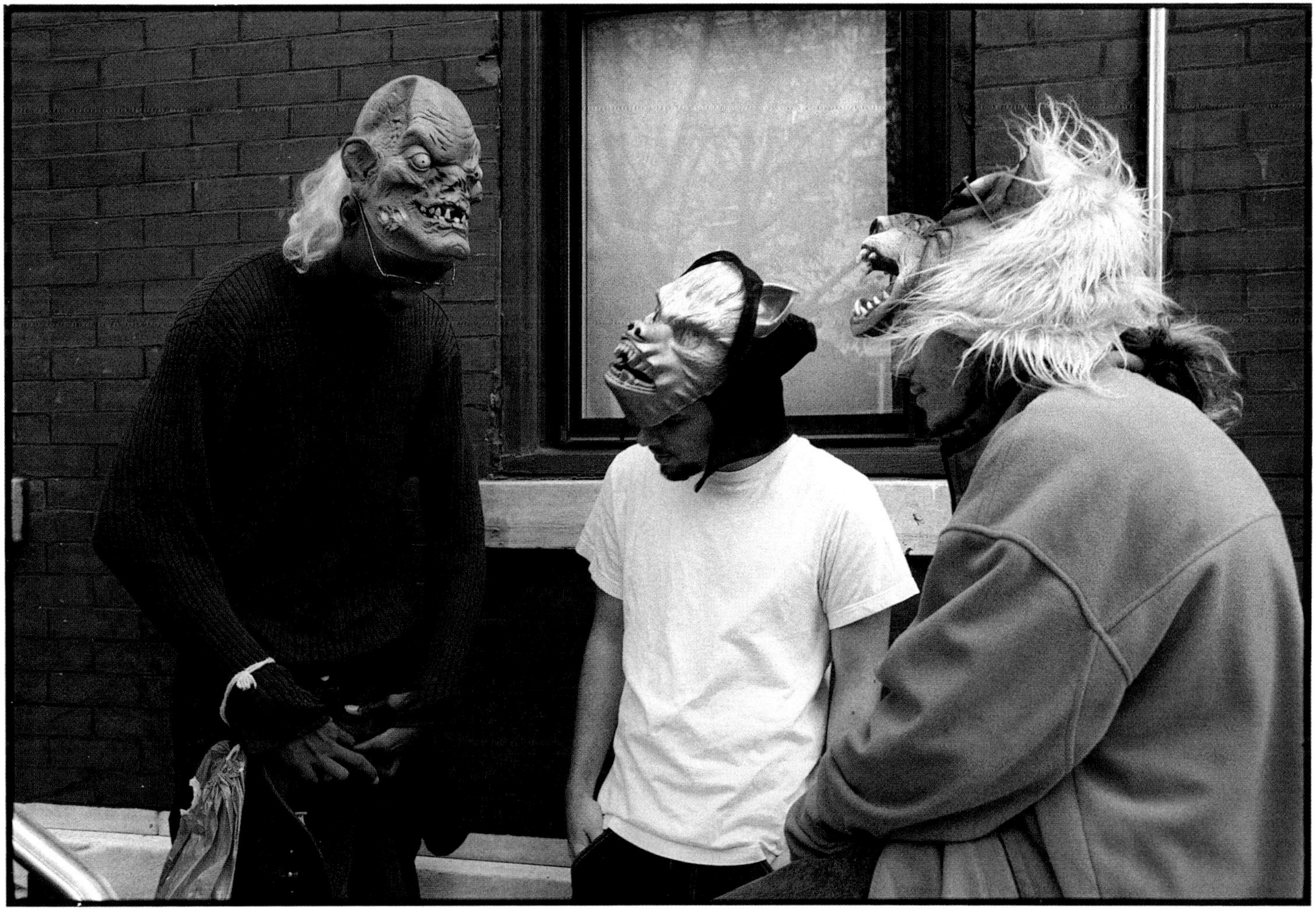

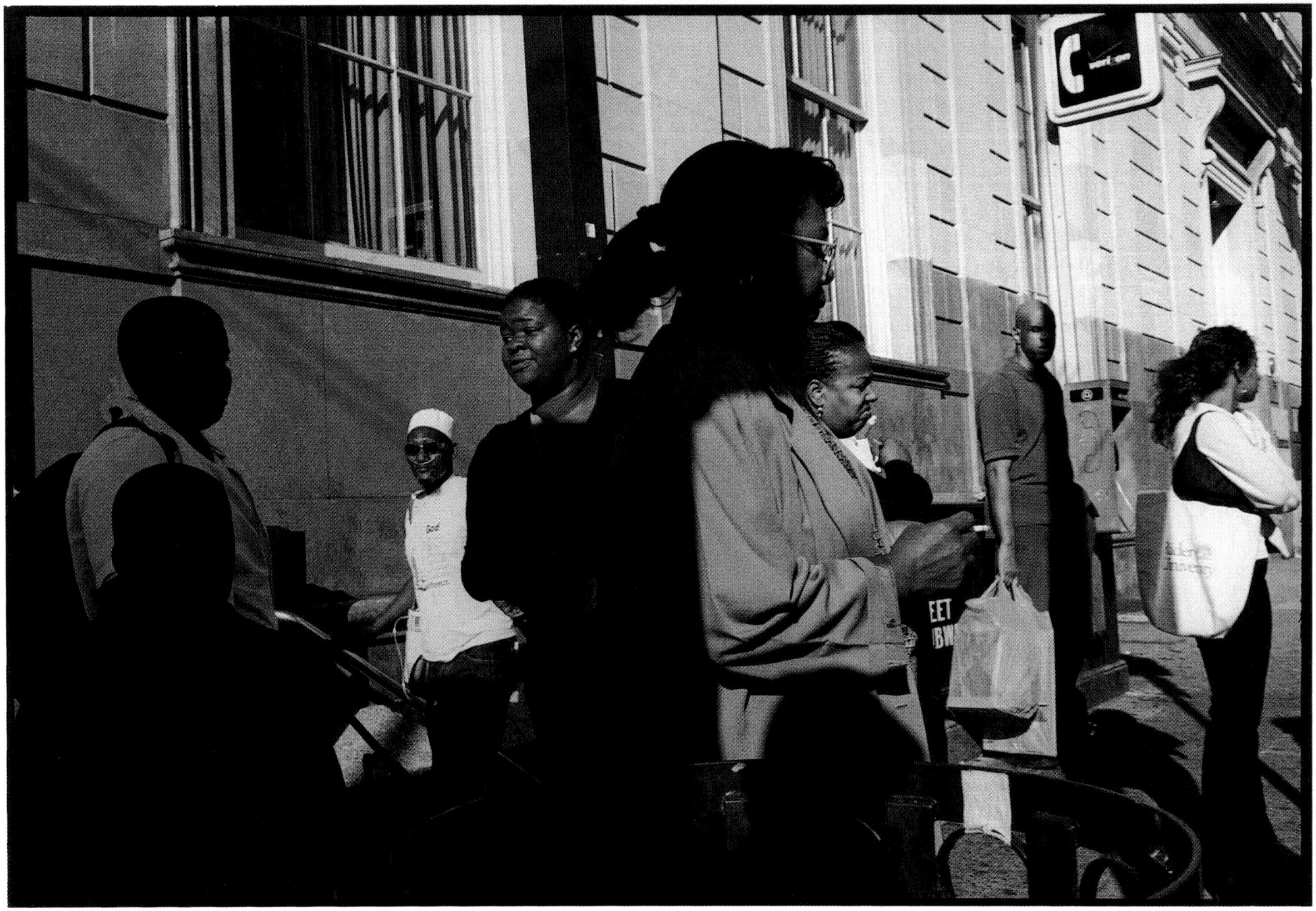

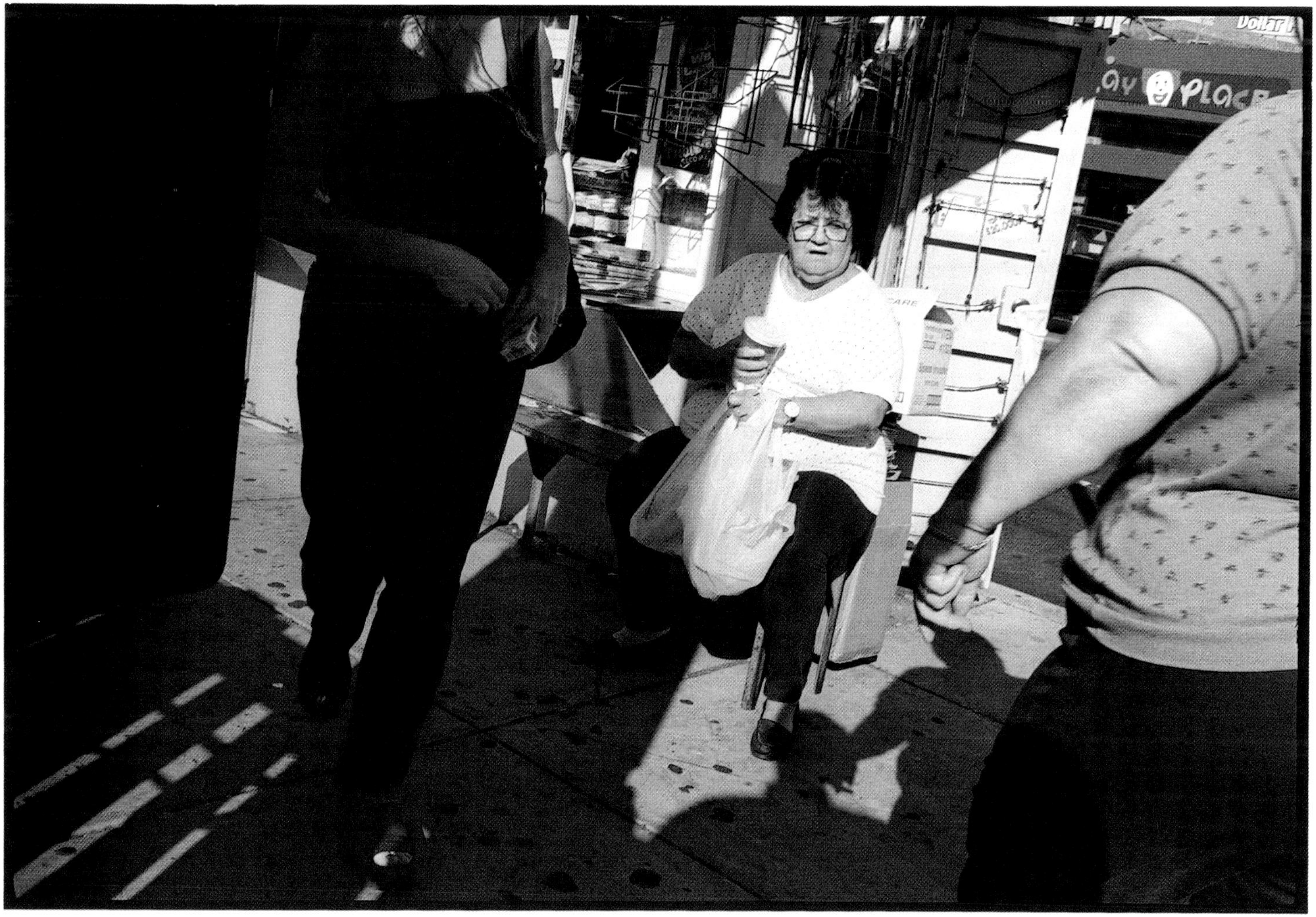

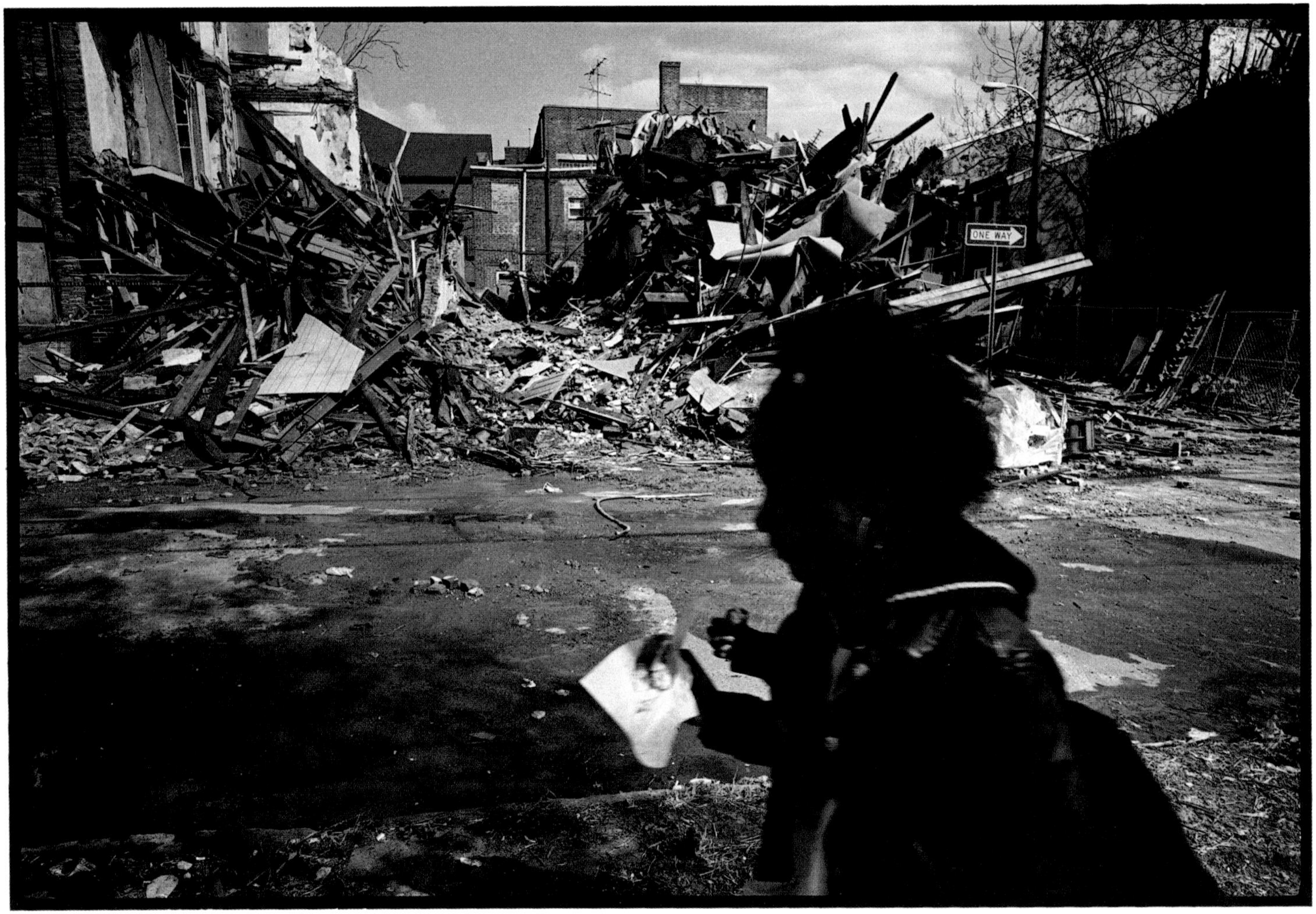
ONE WAY

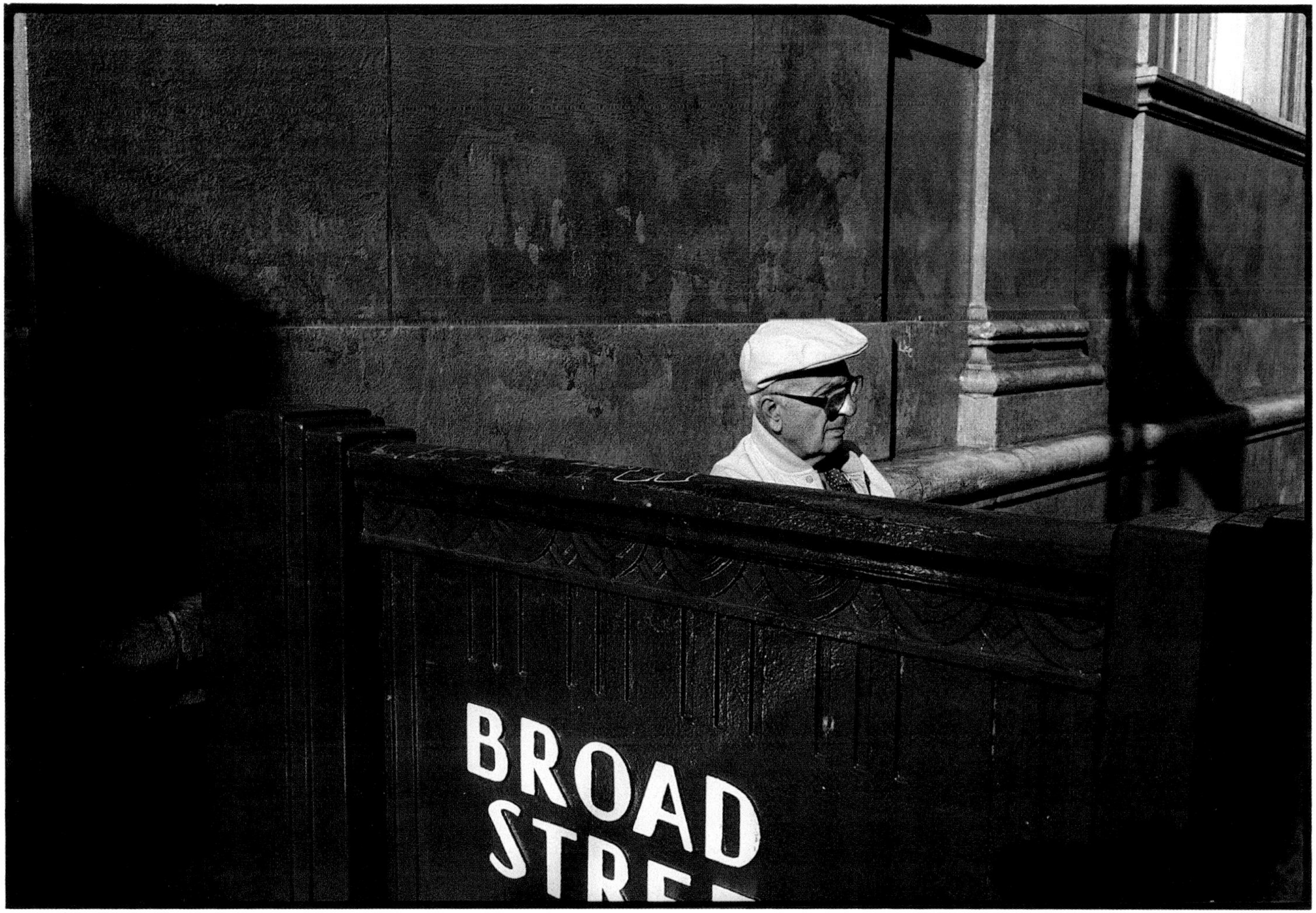
BROAD

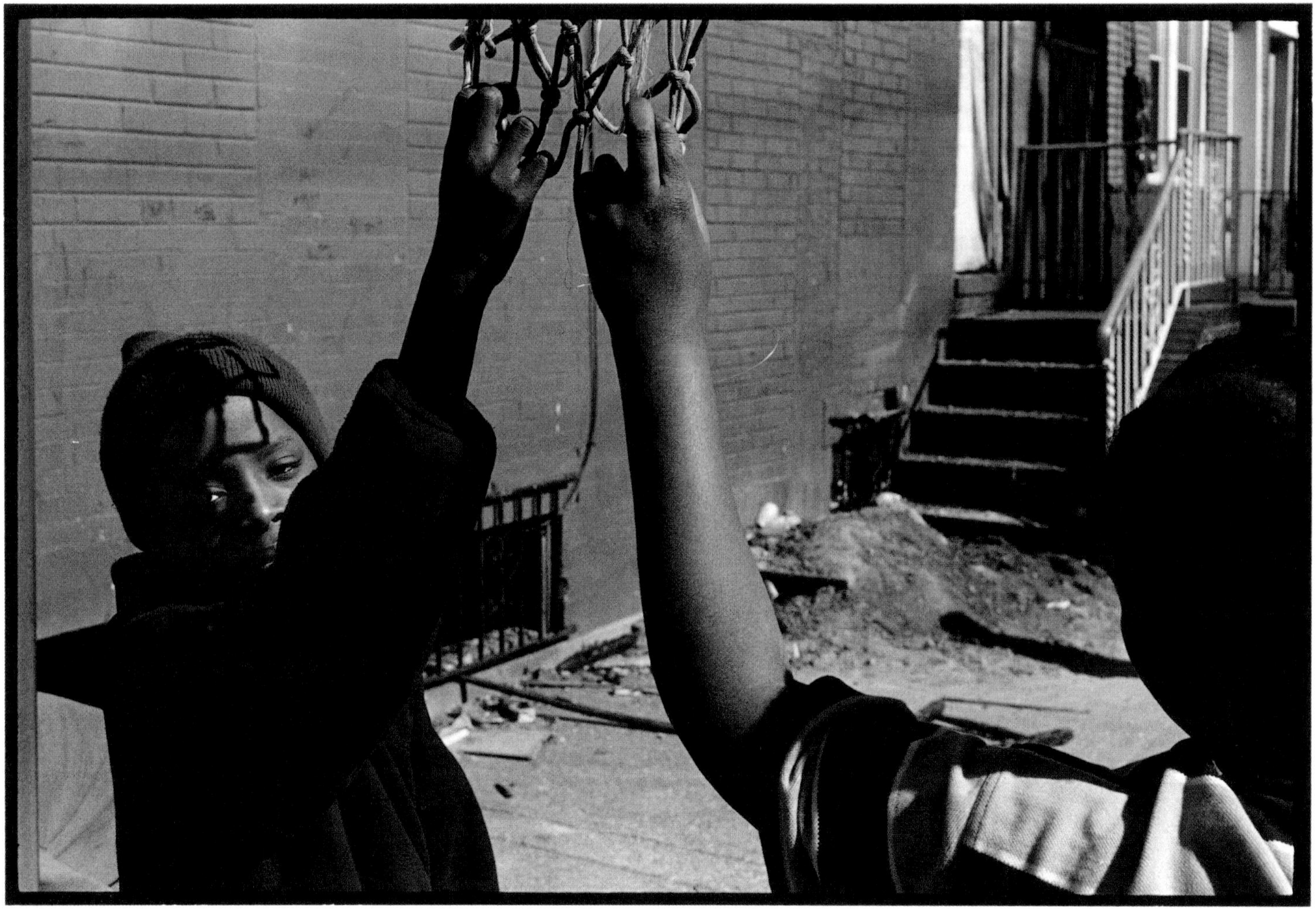

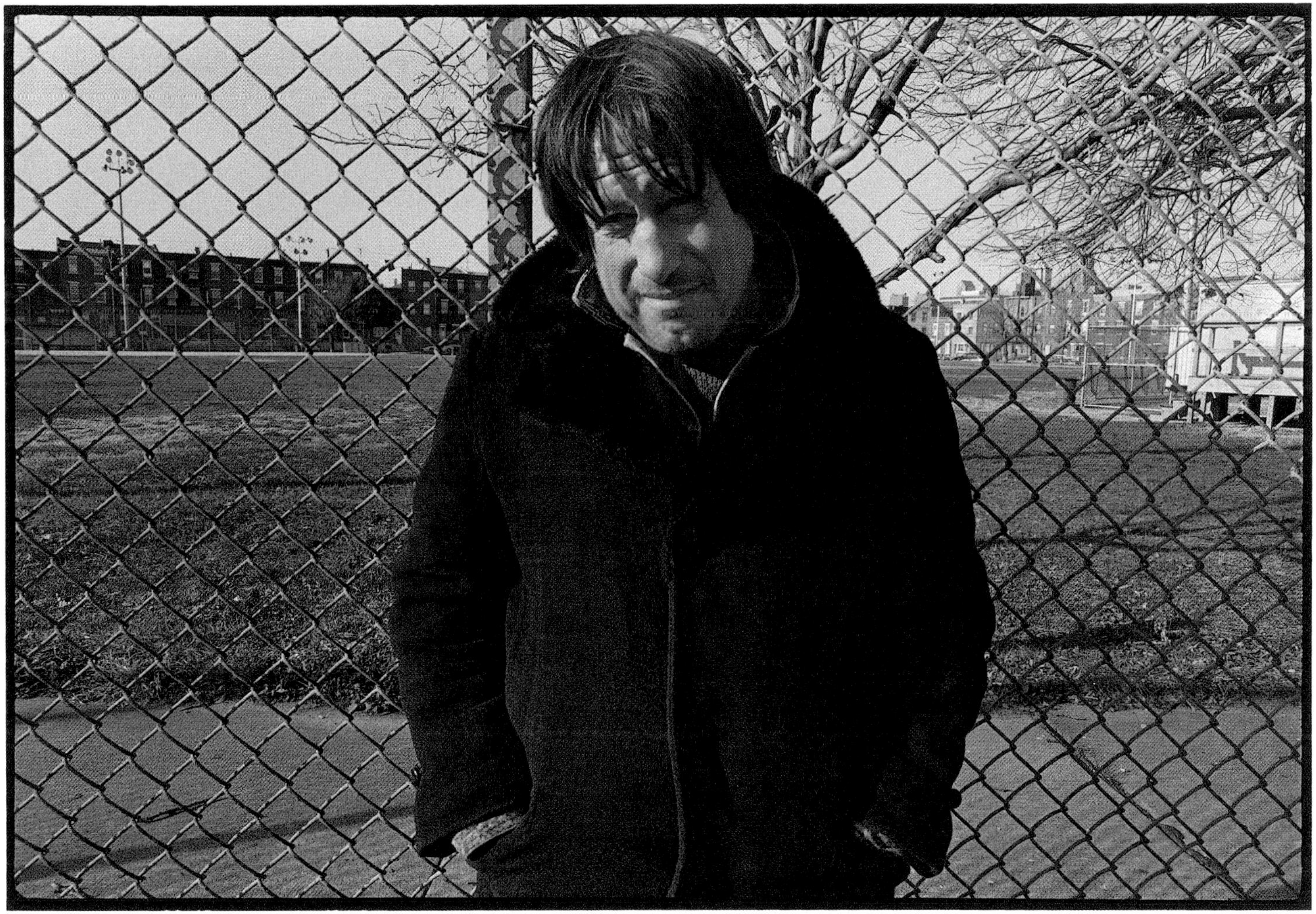

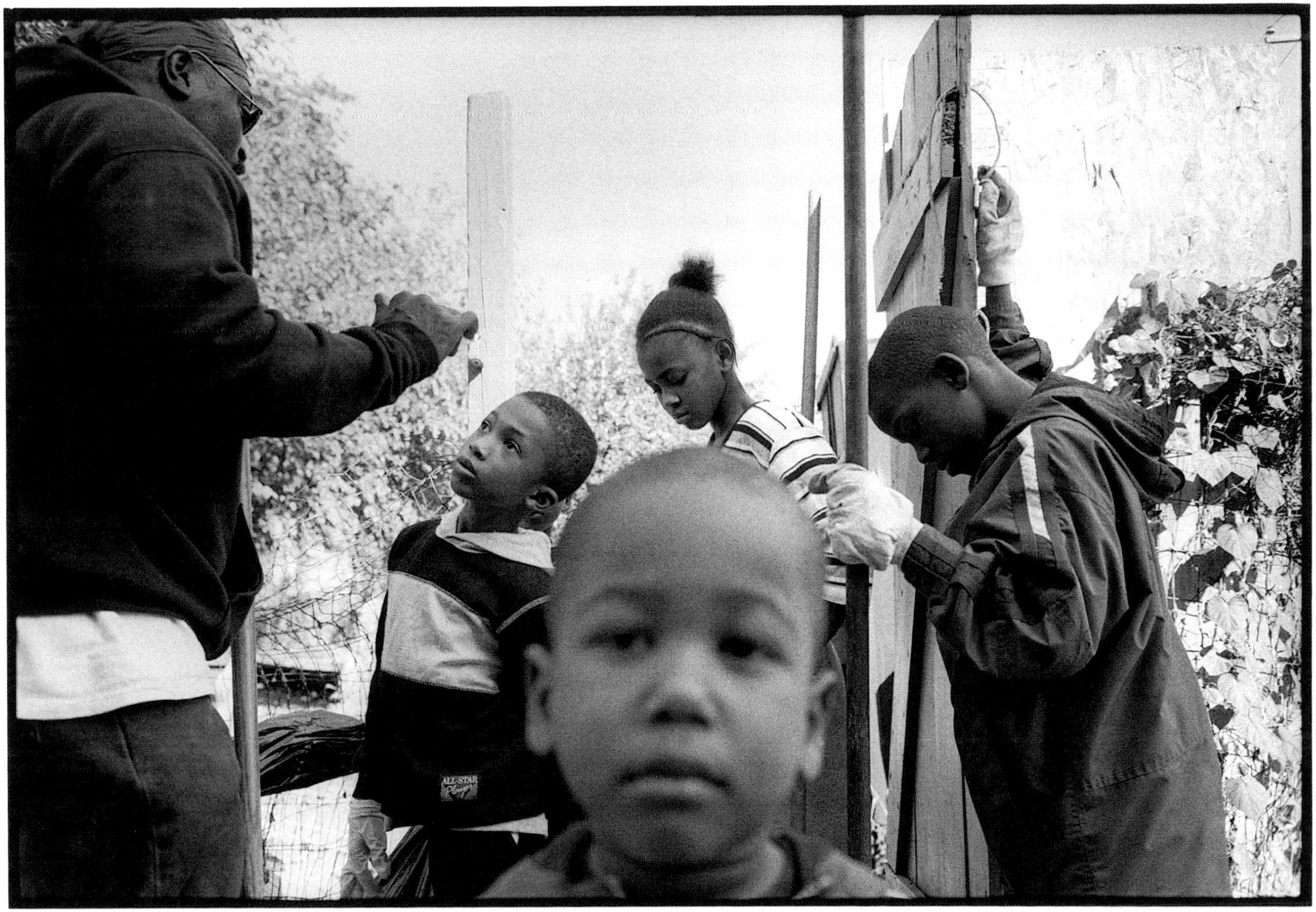
ALL-STAR

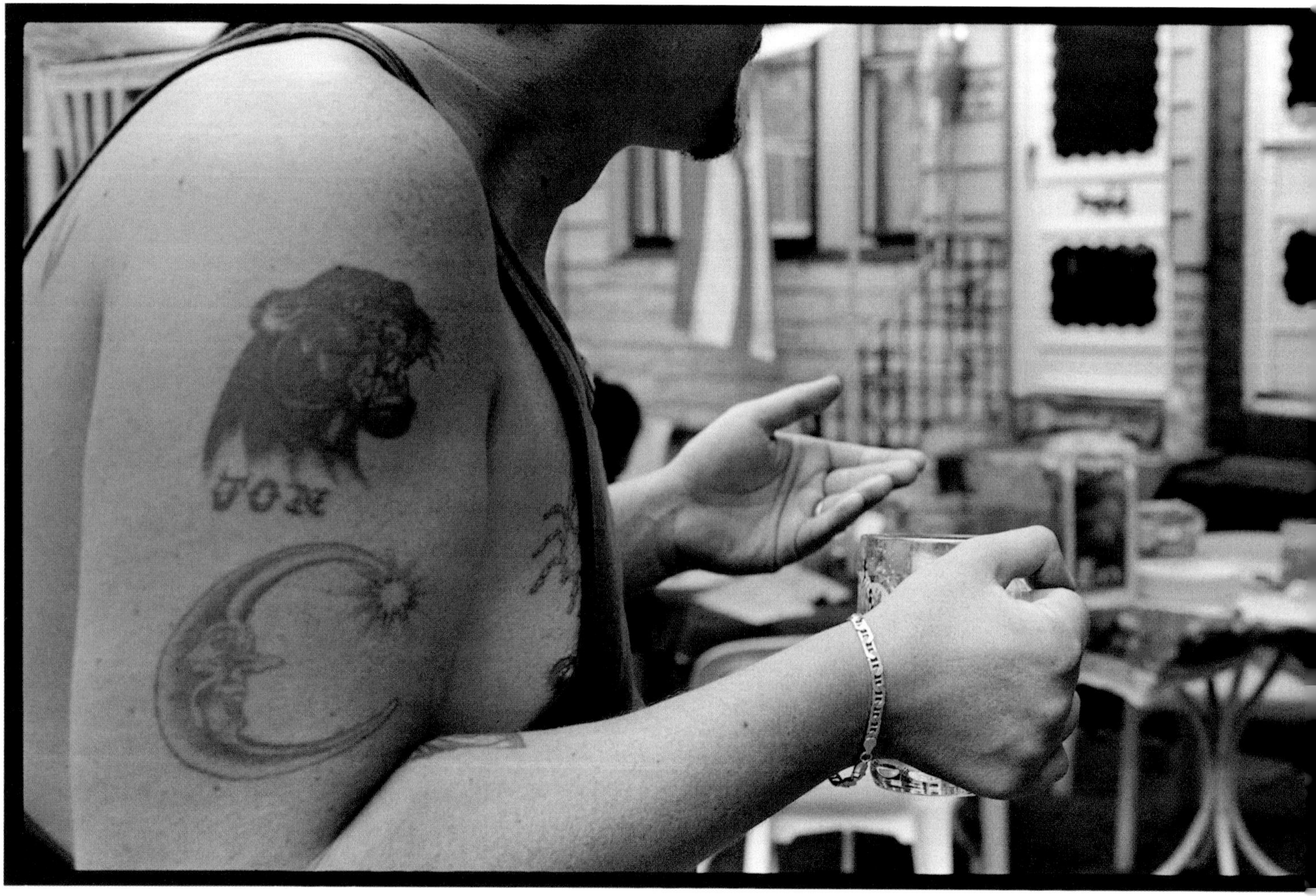

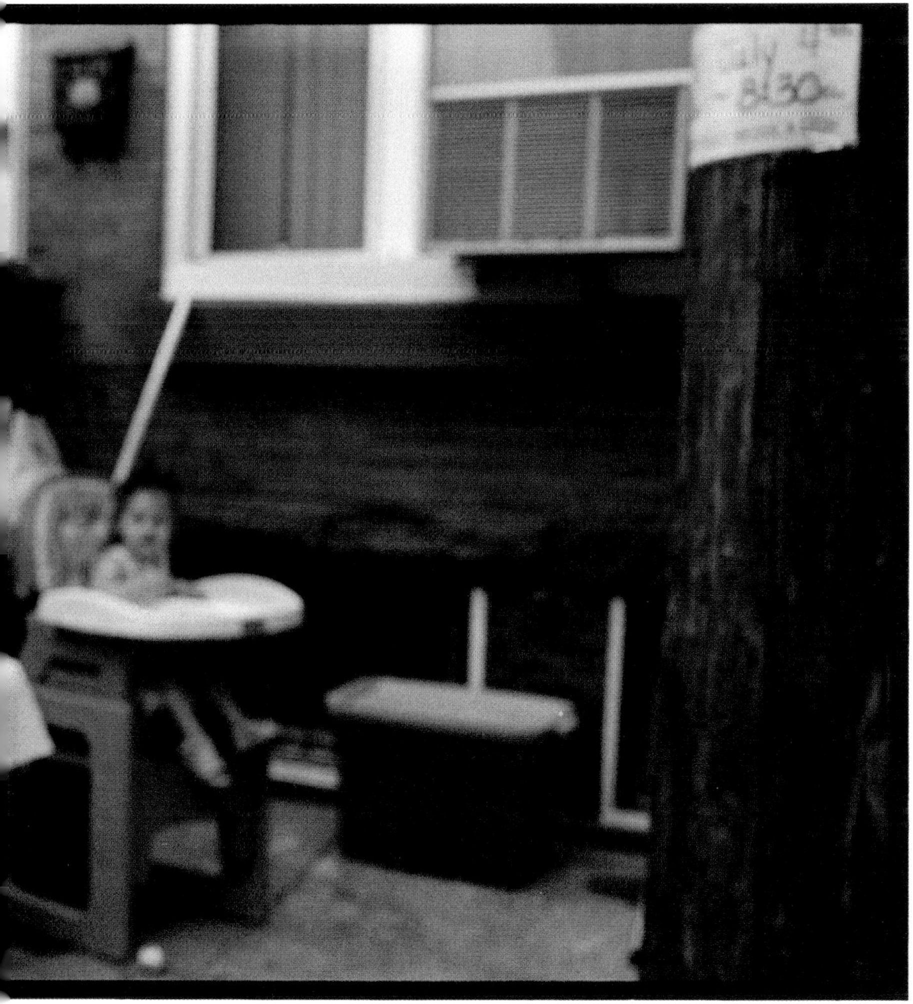

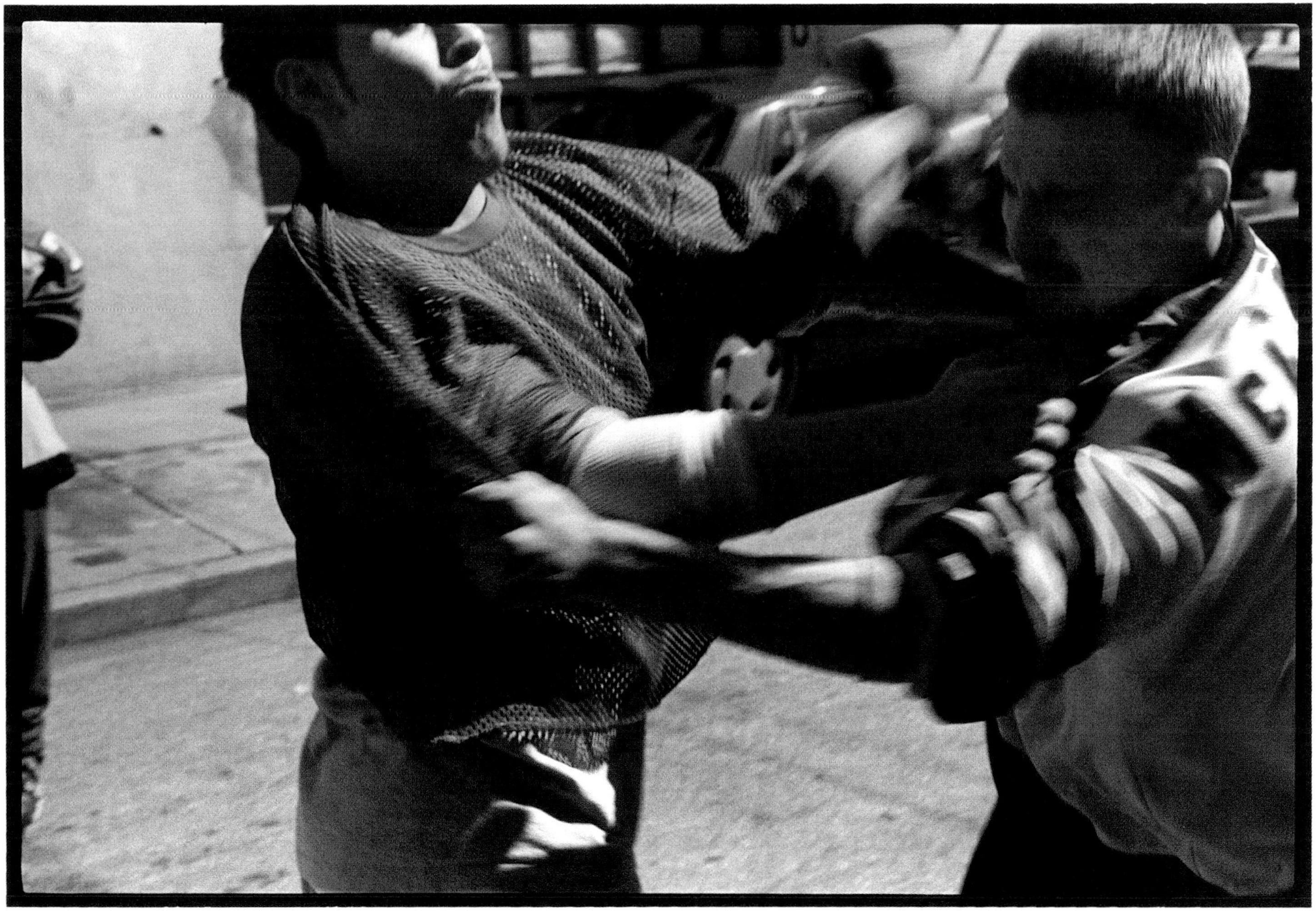

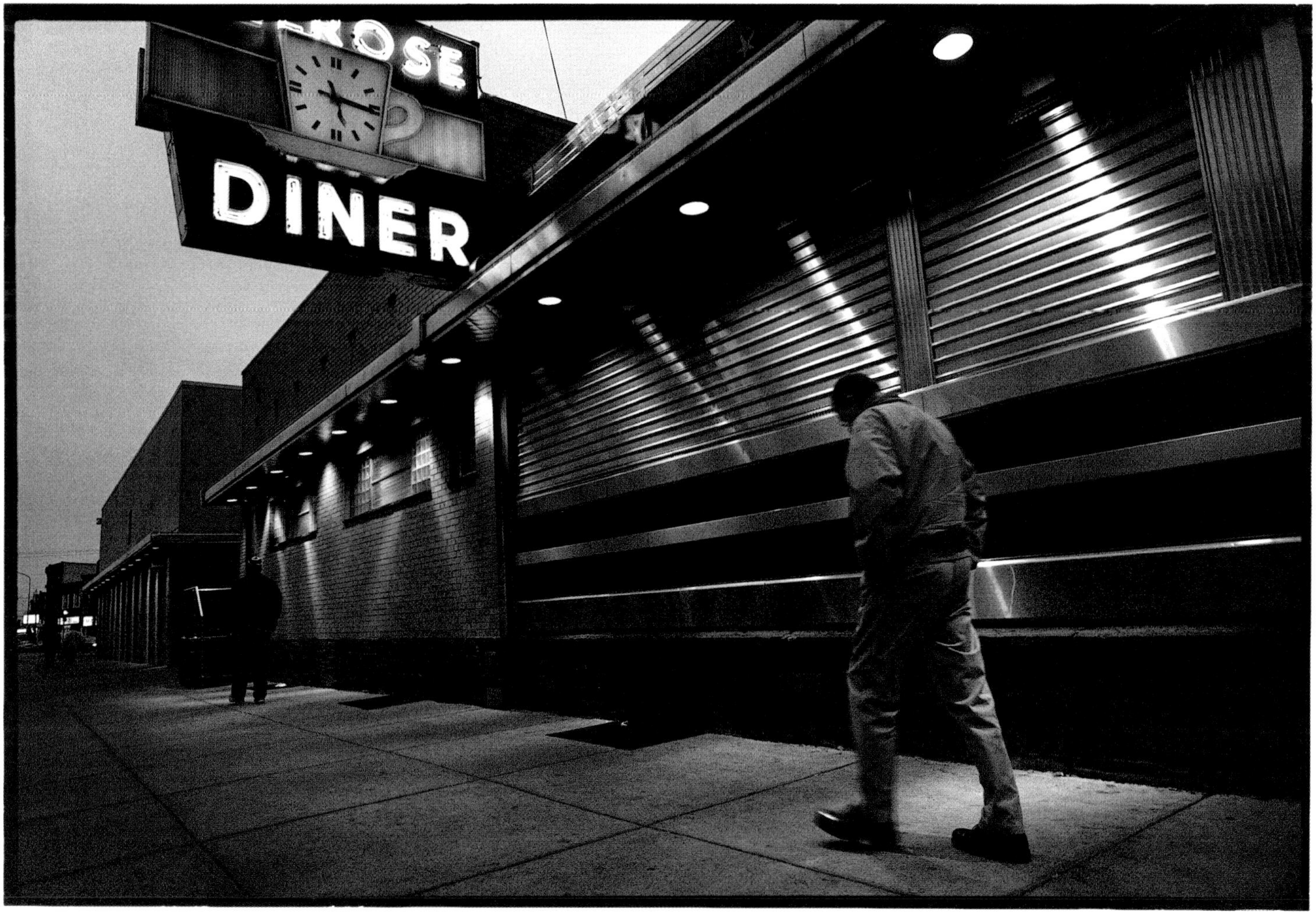
DINER

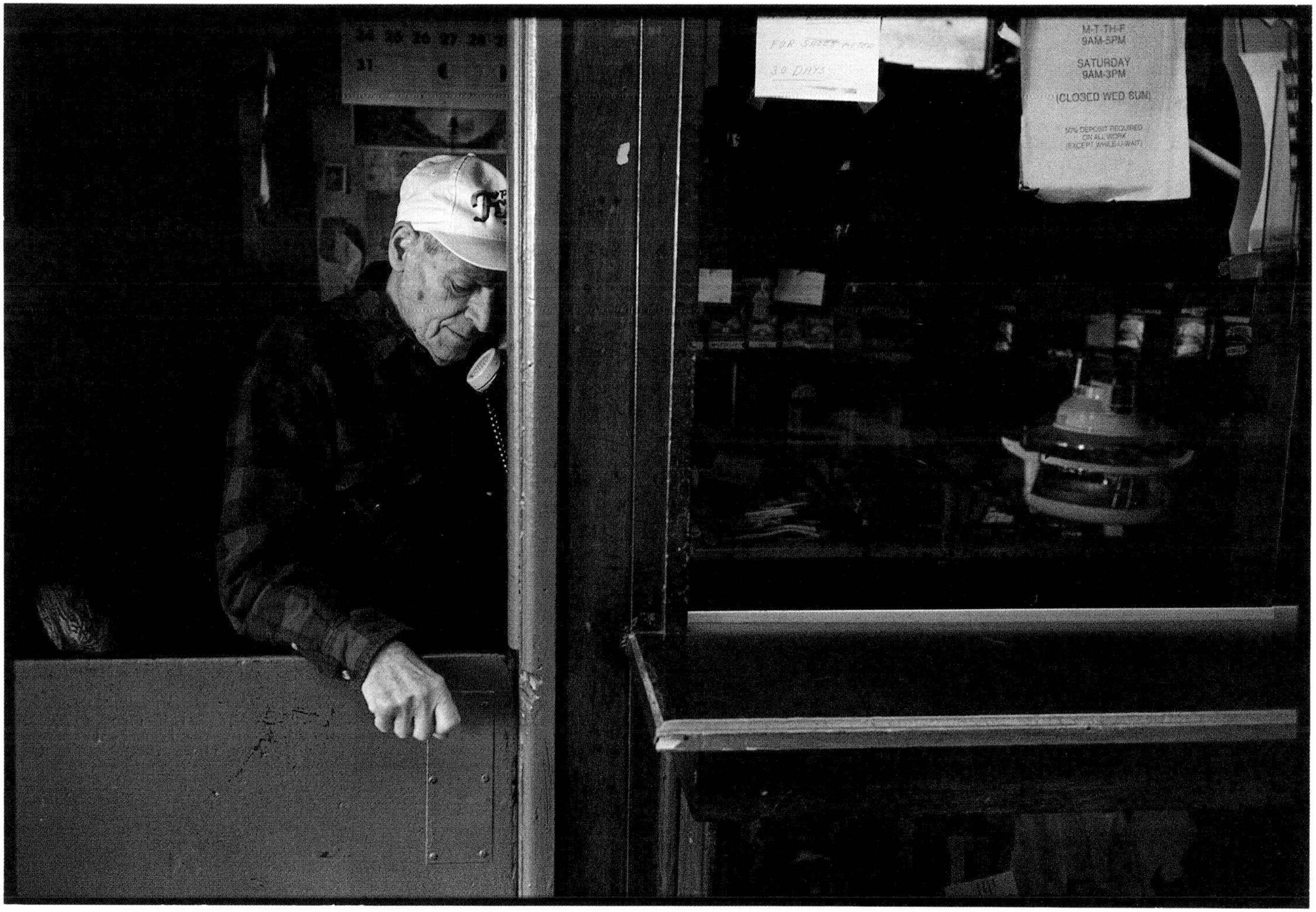
M-T-TH-F
9AM-5PM
SATURDAY
9AM-3PM
(CLOSED WED SUN)

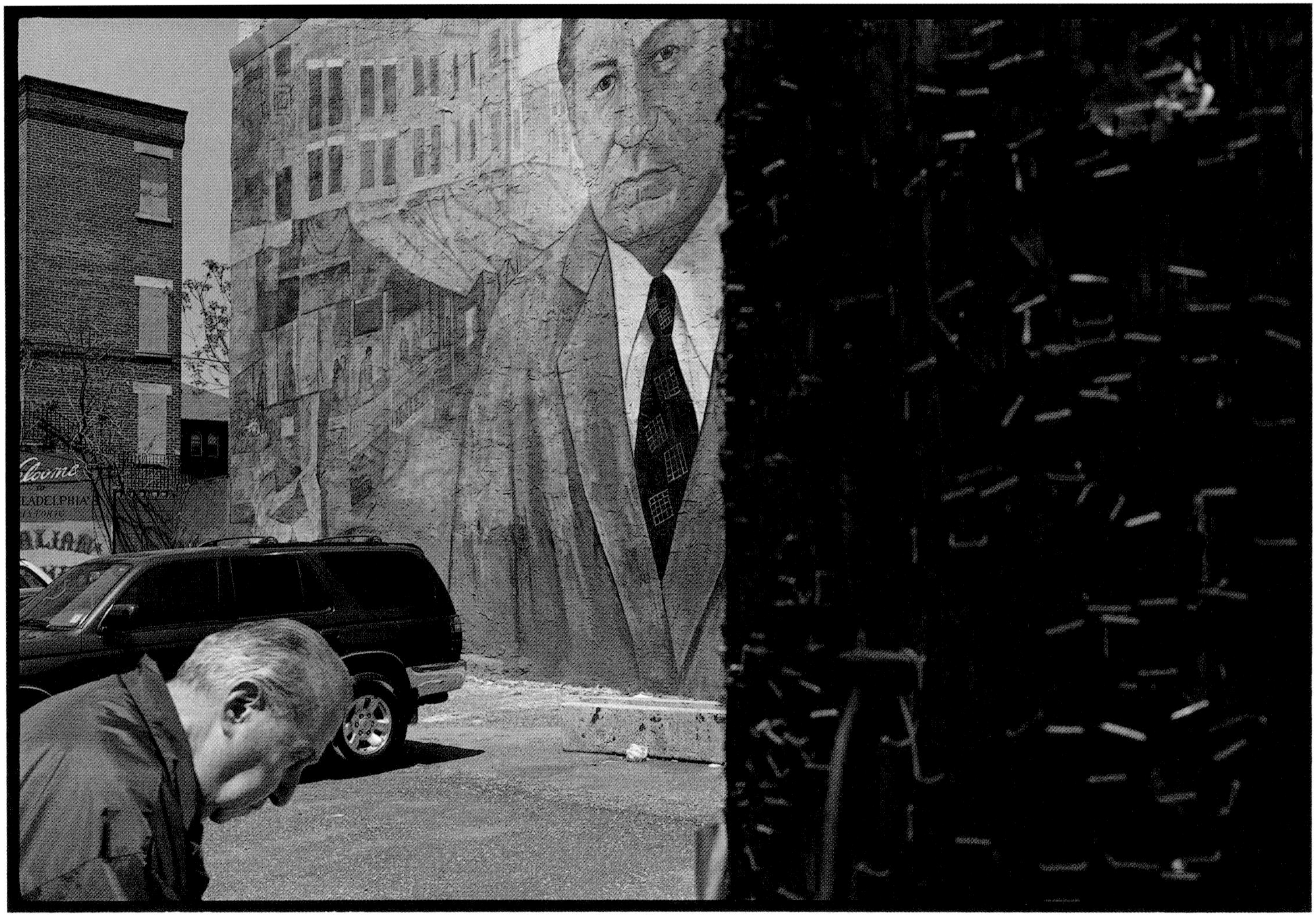

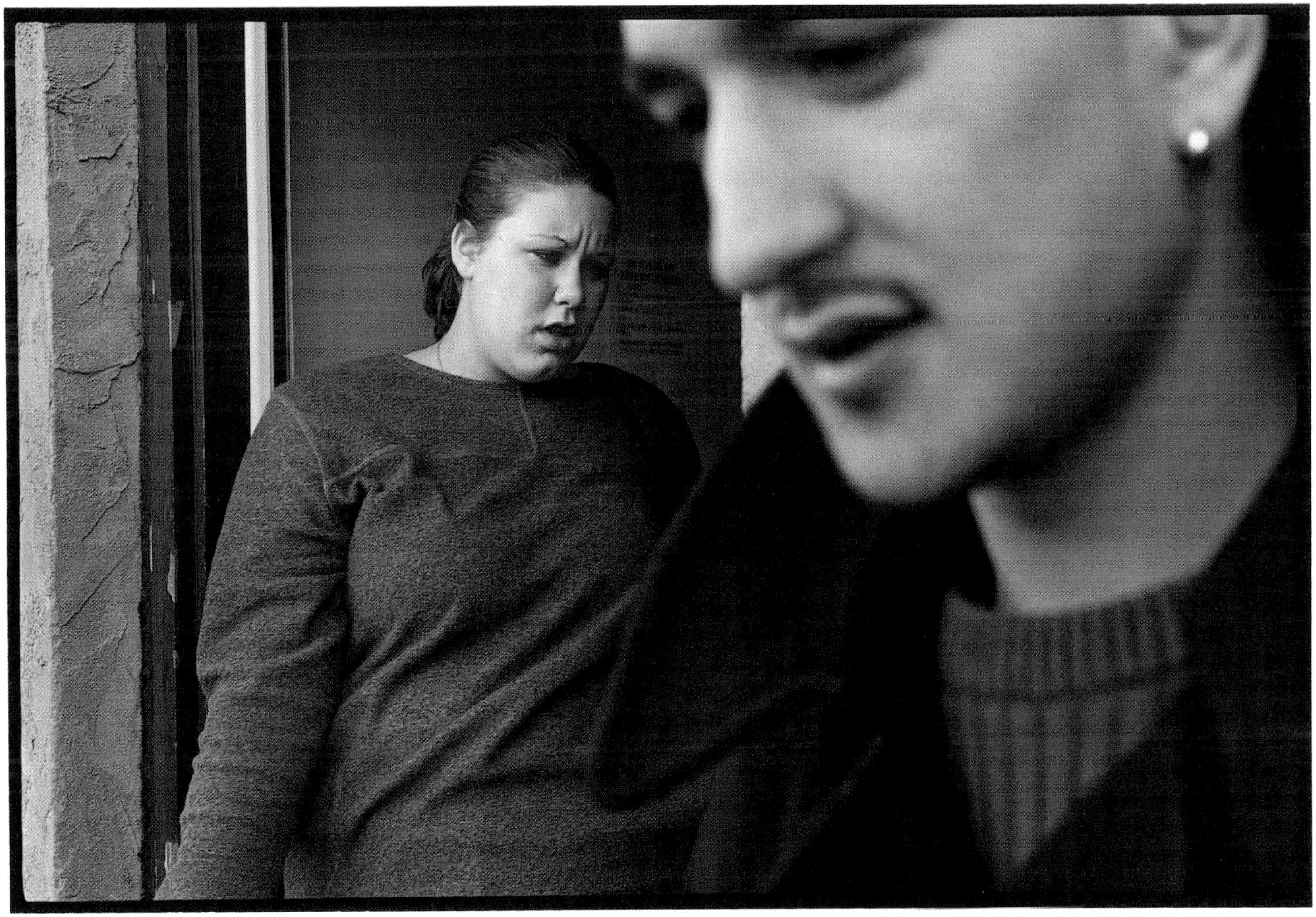

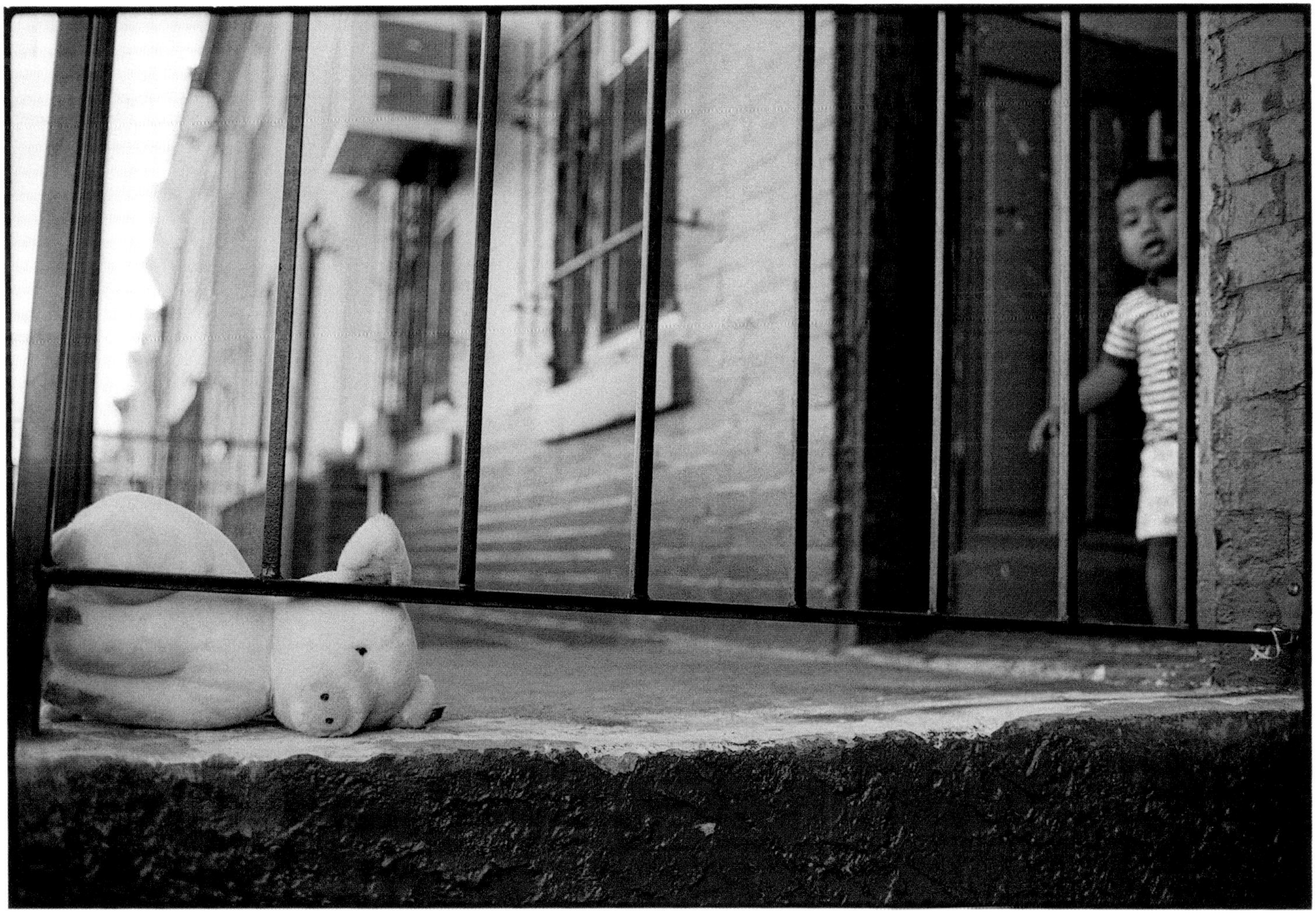

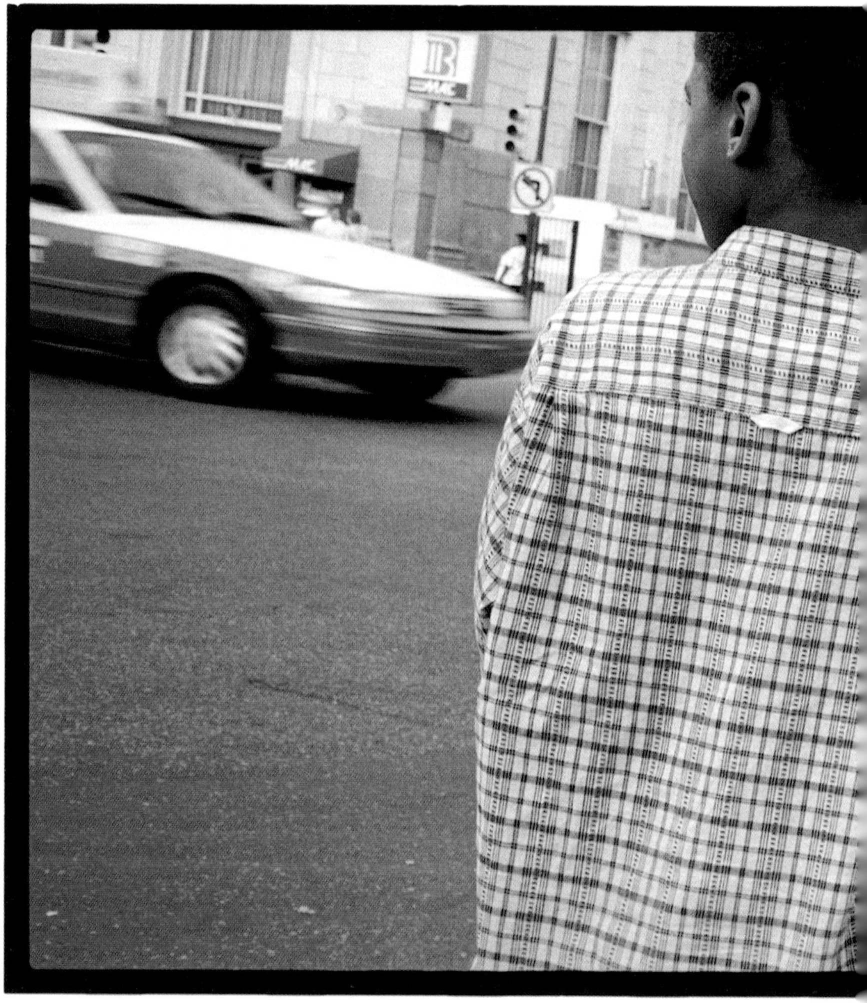

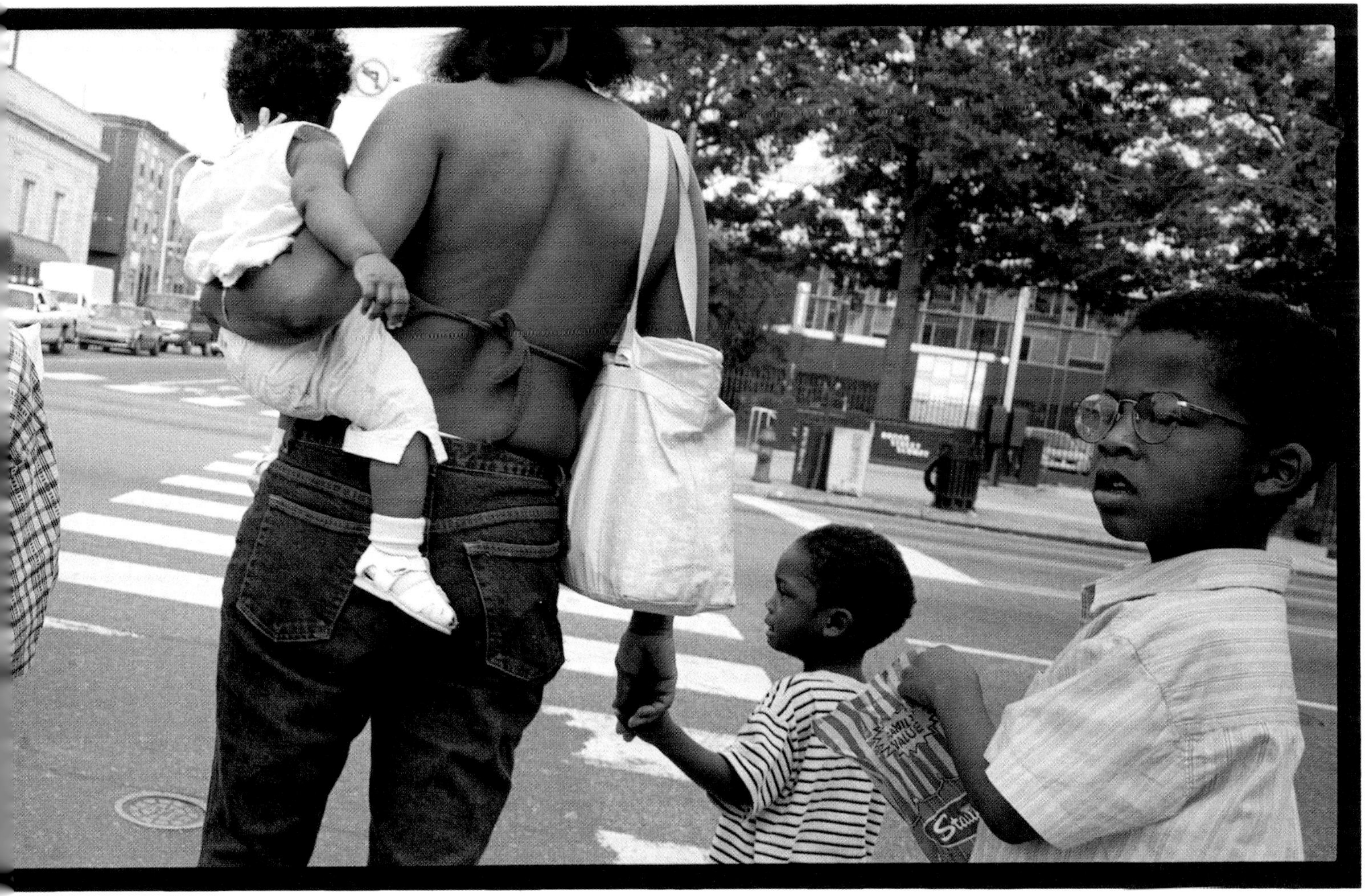

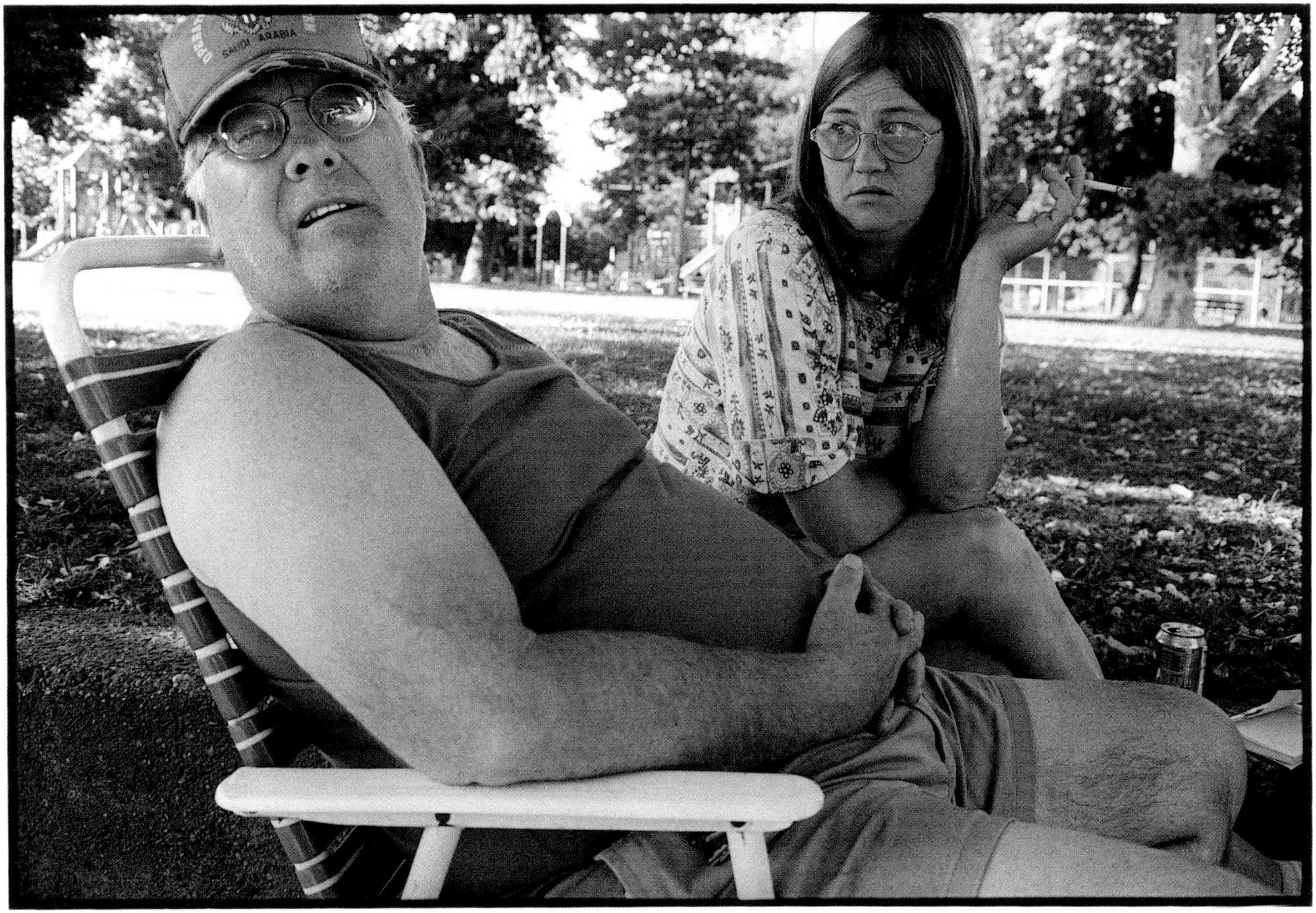
SAUDI ARABIA

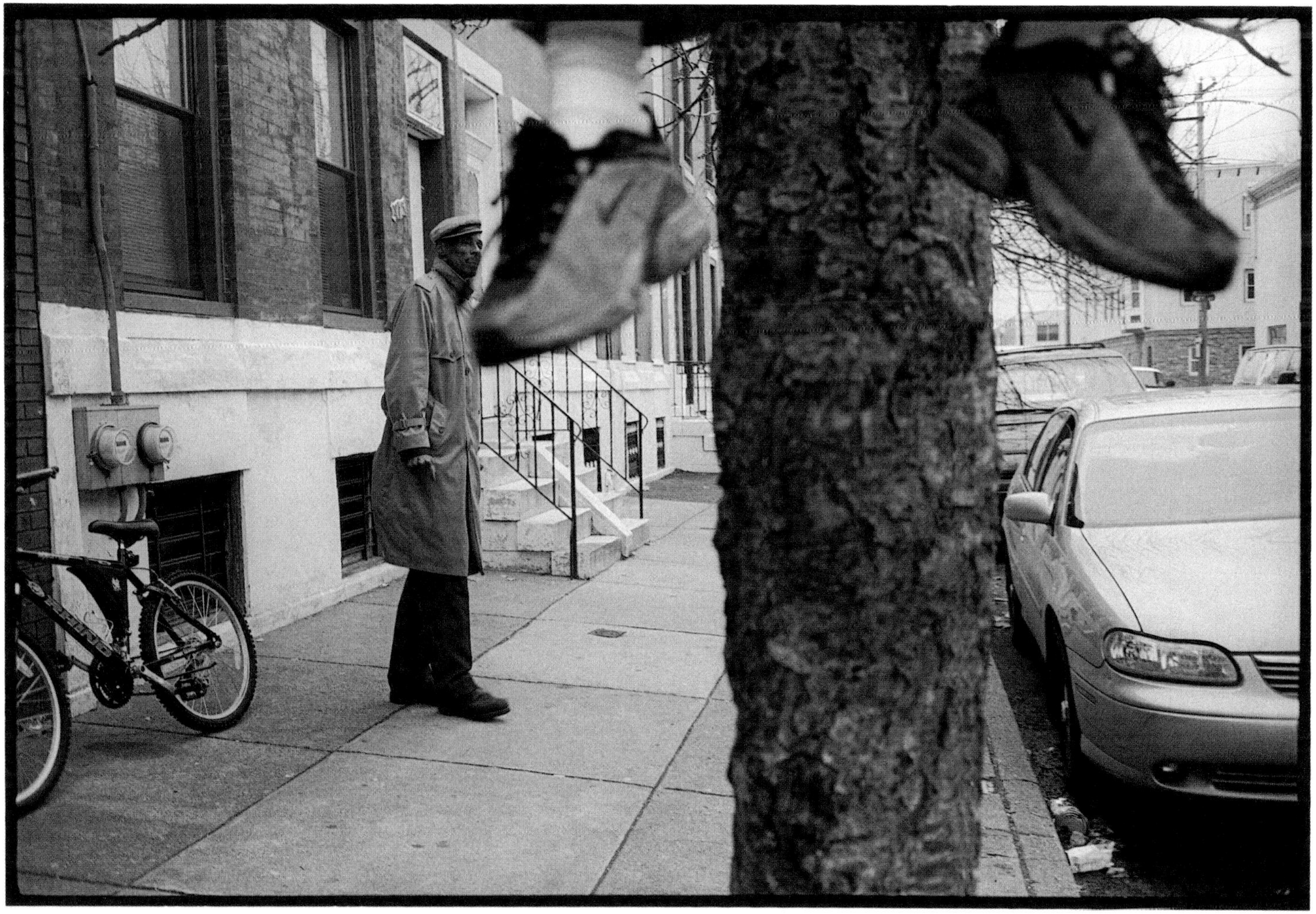

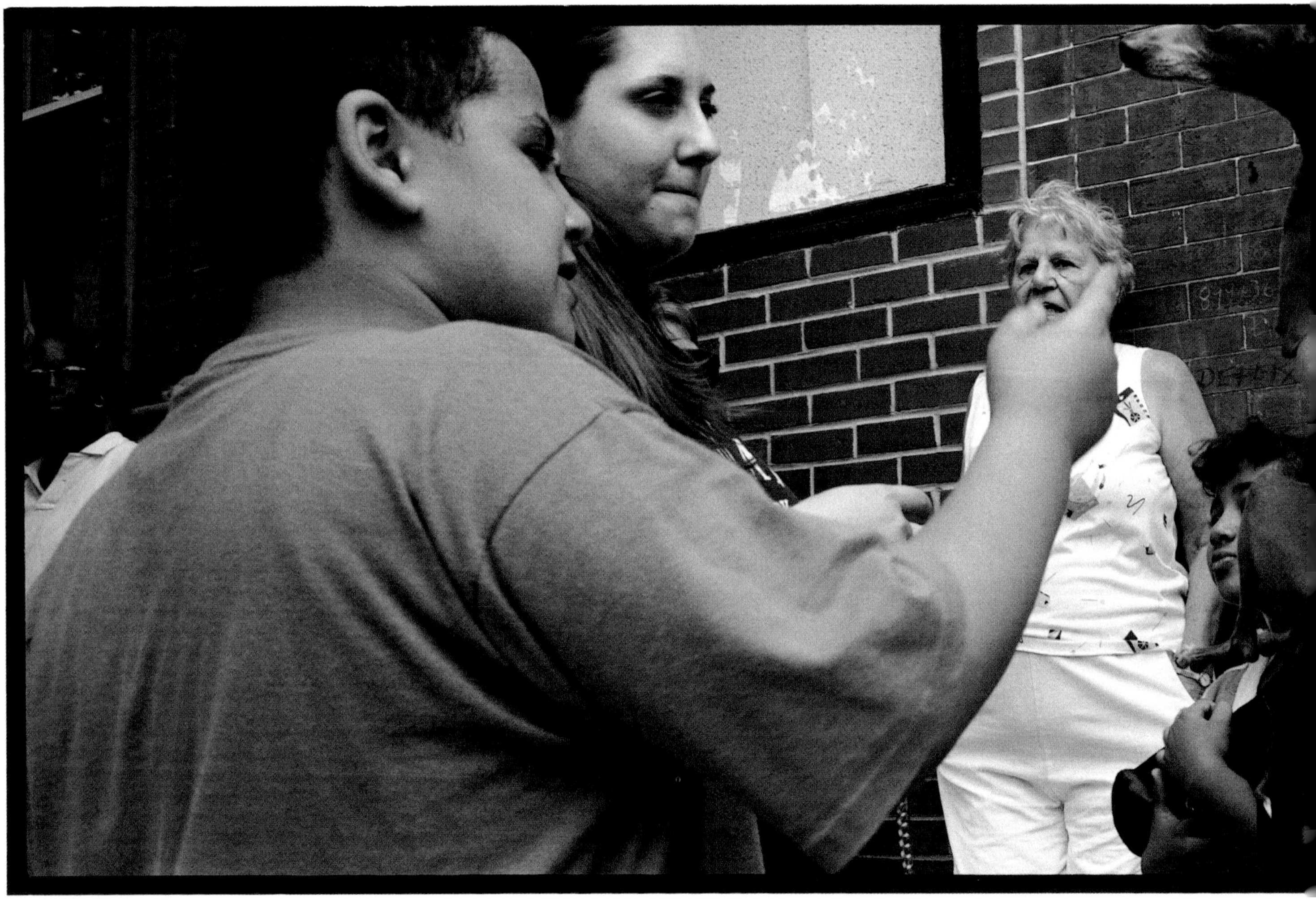

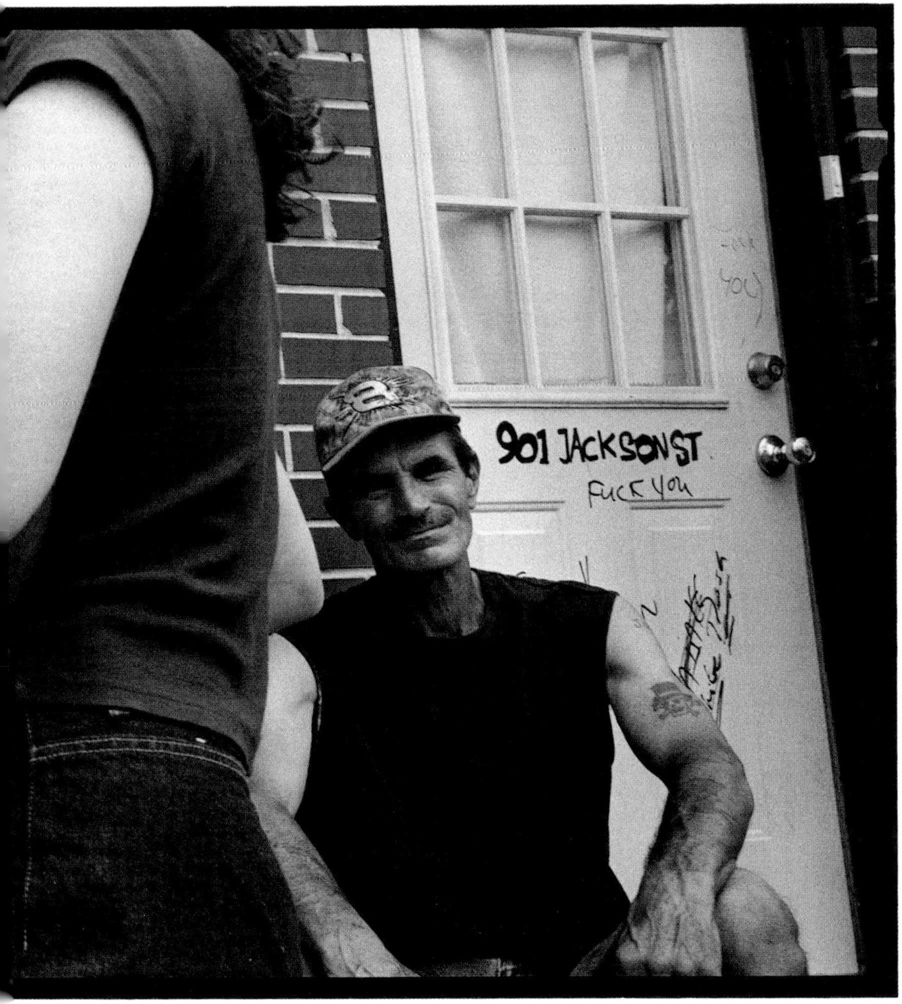
901 JACKSON ST
FUCK YOU

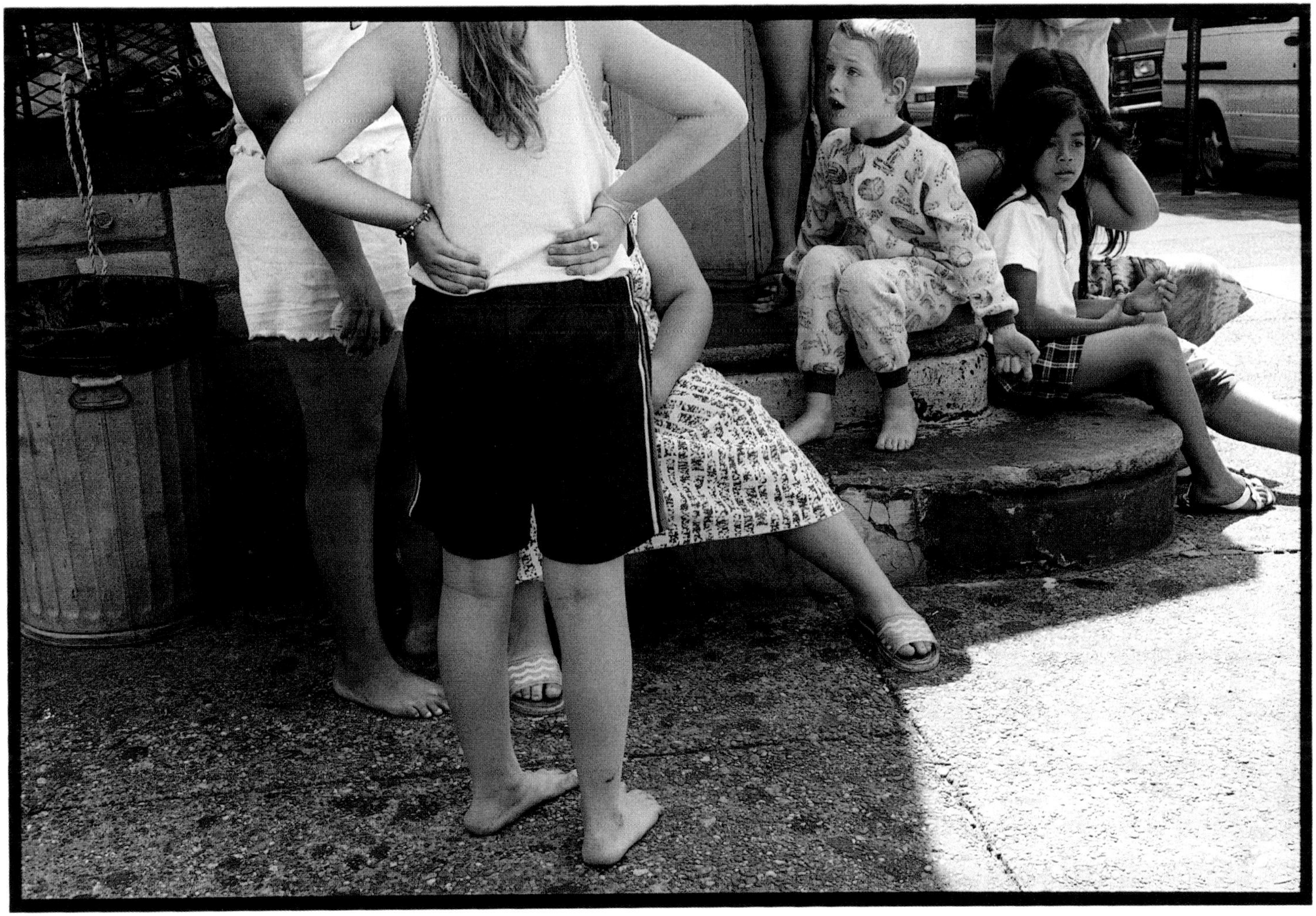

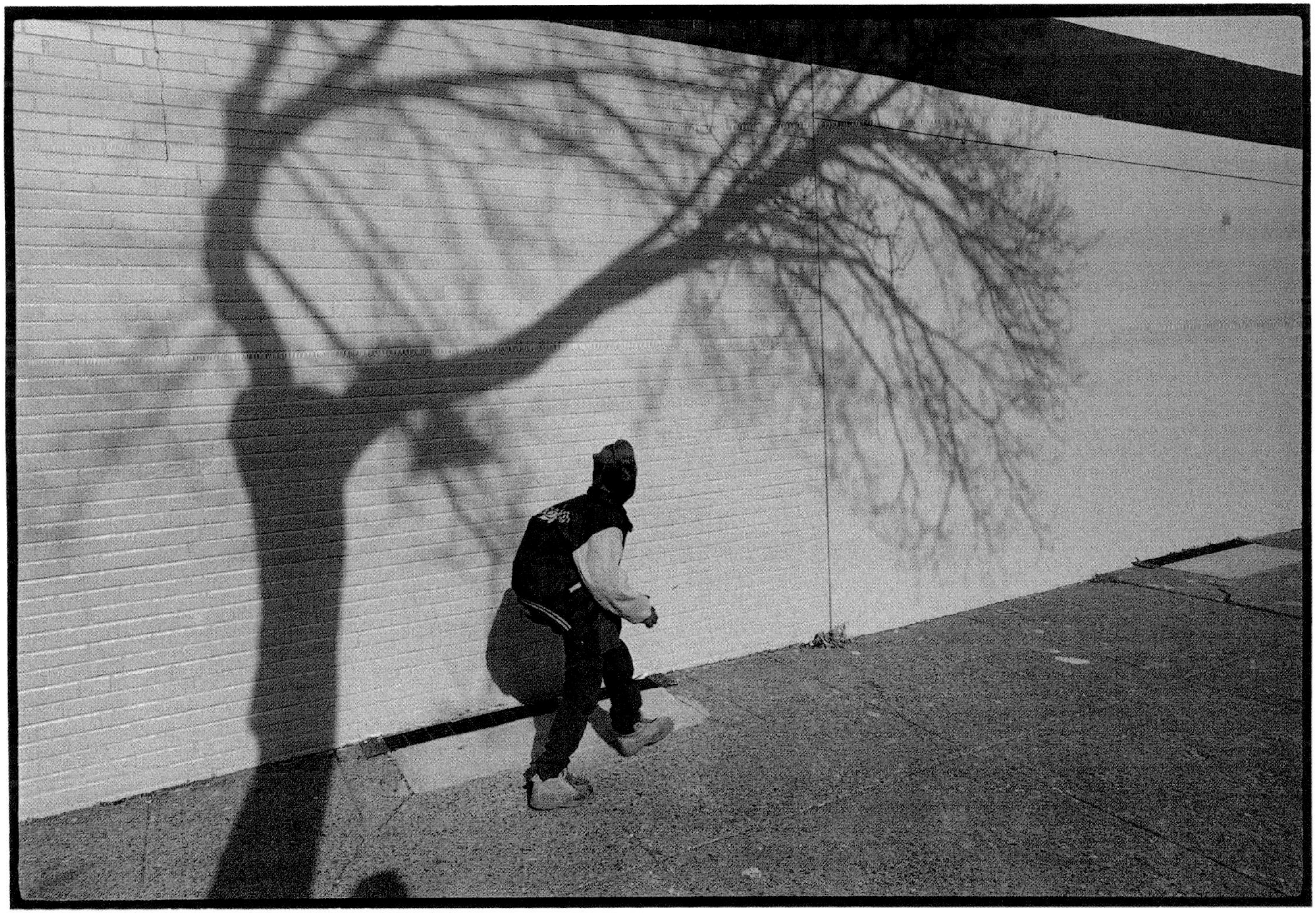

"how do I get there?"

Make the first left
then follow your headlights
chasing all those leaves
out West River Drive
so full of increase late
fall maples and oaks
drive past the boat-houses
and Schuylkill on your right
past the dead power station
and greatly gilt Joan of Arc
riding Franklin Parkway
to liberate the museum
so don't forget to salute
Rubens and the rest
ignoring riverside lights
spooled inside the water
and the shrunken freeway ramps
night traffic creases
don't worry you won't get lost
bear right at City Hall
more leaves newspapers
butterflies in taillights
then take Broad Street south
go go until it's all
brickfronts and corner stores
right again on Wolf
watch for the wilder kids
playing after dark
check your mirrors lock
your doors now everything waits
listens for you while you pass
Baldini's Funeral Home
where more than ever the air's
a gasp of running leaves
that crackle under your tires
so follow them until
they grab the marbled steps
and then you'll know you're there.

[W. S. Di Piero]

„wie finde ich dorthin?“

Gleich die erste nach links
Dann folge der Jagd deiner Scheinwerfer
Nach all dem Laub
Auf dem West River Drive
So voller Überschwang
Spätherbstlicher Ahorn und Eichen
An den Bootshäusern vorbei
Zu deiner Rechten der Schuylkill
Am stillgelegten Kraftwerk vorüber
Und an der prachtvoll güldenen Jeanne d'Arc
Die über den Franklin Parkway reitet
Um das Museum zu befreien
Vergiß also nicht Rubens und
All den anderen zu salutieren
Mißachte die Lichter am Fluß
Im Wasser aufgespult
Und die geschrumpften Freeway-Rampen
Zerknittert vom Nachtverkehr
Keine Sorge du verirrst dich schon nicht
Am Rathaus nach rechts
Mehr Laub Zeitungsblätter
Schmetterlinge in Rücklichtern
Dann auf der Broad Street nach Süden
Fahr drauflos bis du nur noch
Backsteinfassaden und Krämerläden siehst
Auf der Wolf wieder rechts sei auf der
Hut nach Anbruch der Dunkelheit spielen
Draußen ausgelassenere Kids
Schau in die Spiegel verriegele
Die Türen jetzt wartet alles lauscht
Während du vorüberfährst
An Baldinis Bestattungsinstitut
Wo die Luft mehr denn je
Ein Keuchen rasender Blätter ist
Die unter deinen Reifen knistern
Denen folgst du dann bis sie
sich der marmorierten Stufen bemächtigen
Und du weißt, daß du da bist.

[W. S. Di Piero]

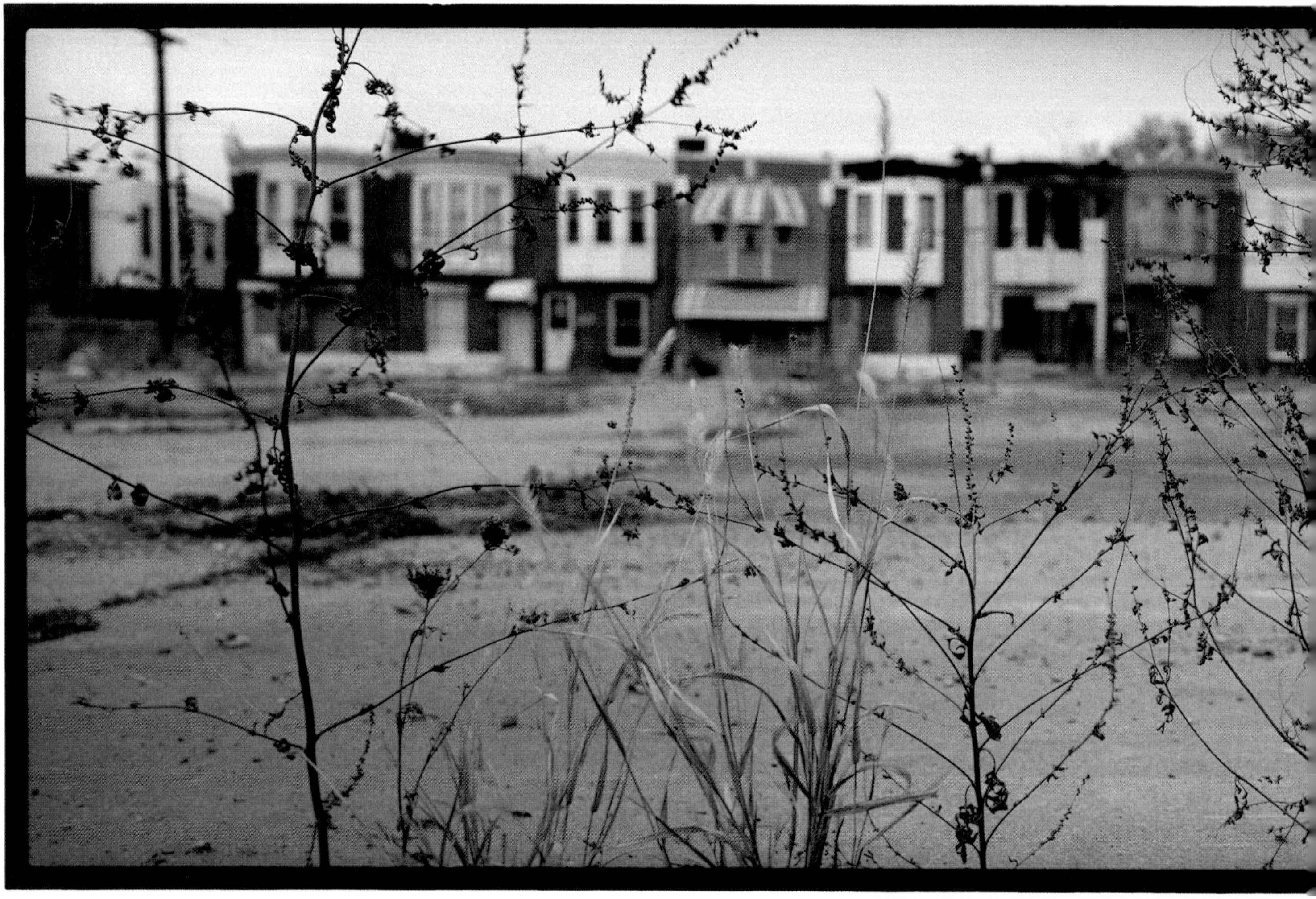

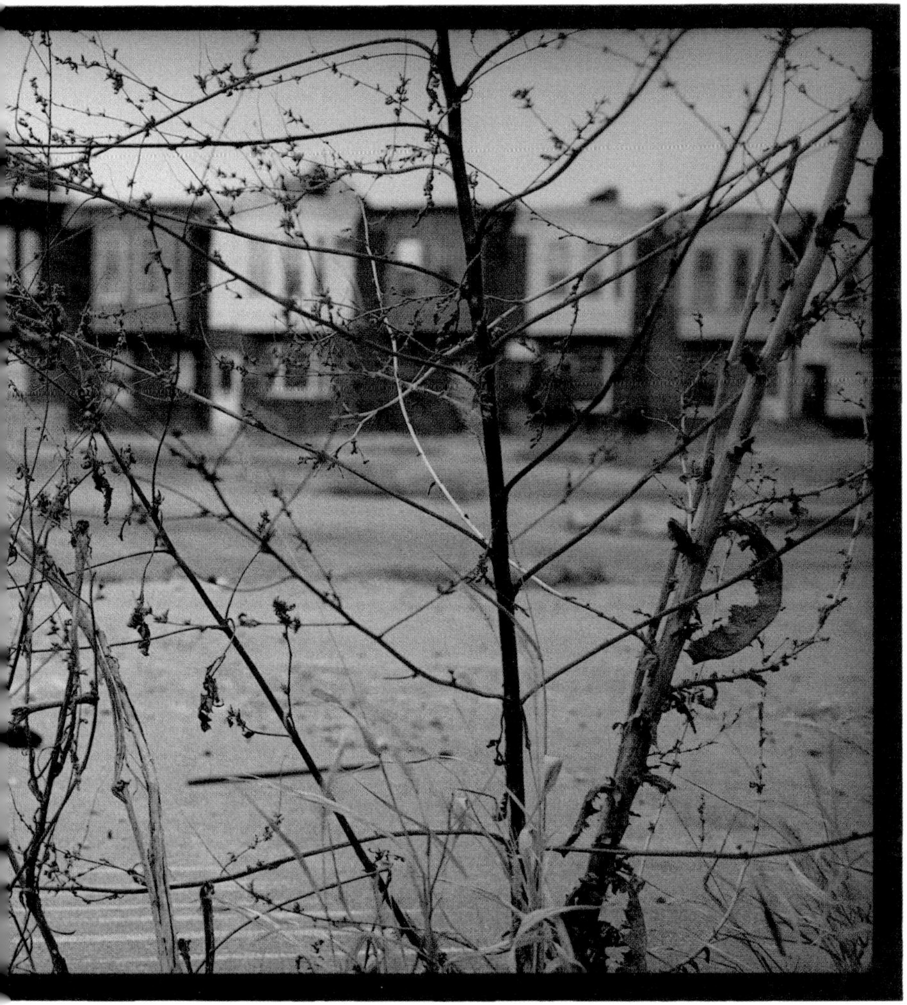

acknowledgements

First and foremost, I'd like to express my sincere thanks and appreciation to my wife, Sara Geelan, for her support during this lengthy project.

I would also like to thank my mother, Joyce Elderfield, as well as Jeanne Collins and my father, John Elderfield, for their support and encouragement.

Thanks also go to Jennifer Atkins, Kristin Capp, Claus Guglberger, Gerry Matthews, and Ilana Rein for their help in editing and sequencing the photographs; to Jill Moser and David Lewis; to Jim, Cornelia, and Walter at MV Lab; to W. S. Di Piero for allowing me to print his poetry and to Murray Dubin for his essay; to Corey Seymour for his text editing; to Andy Luedders for assisting me during my visit to the Frankfurt Fair; to Klaus Kehrer, Alexa Becker, and the whole staff at Kehrer Verlag Heidelberg, who made my work come to life on the page; and to Ellen Binder for her editing and layout help, for her advice and encouragement, and for allowing me to visit her family during the summer.

Finally, this work would truly never have happened if it weren't for the following four friends: Nancy Luke, Kaivan Munshi, David Earling, and Maria Nicolo. Thank you!

dank

In erster Linie möchte ich meiner Frau, Sara Geelan, meinen aufrichtigen Dank und meine Wertschätzung für ihre Unterstützung während dieses langwierigen Projekts aussprechen.

Bedanken möchte ich mich auch bei meiner Mutter, Joyce Elderfield, sowie bei Jeanne Collins und meinem Vater, John Elderfield, für ihre Unterstützung und Bestärkung.

Mein Dank gilt außerdem Jennifer Atkins, Kristin Capp, Claus Guglberger, Gerry Matthews und Ilana Rein für ihre Hilfe bei der Auswahl der Fotografien und der Festlegung ihrer Reihenfolge; Jill Moser und David Lewis; Jim, Cornelia und Walter vom MV Lab; W. S. Di Piero für die Genehmigung, seine Lyrik abzudrucken, und Murray Dubin für seinen Essay; Corey Seymour für seine Bearbeitung des Texts; Andy Luedders für die Unterstützung während meines Besuchs auf der Frankfurter Buchmesse; Klaus Kehrer, Alexa Becker und sämtlichen Mitarbeitern des Kehrer Verlags Heidelberg, der meine Arbeiten in Buchform veröffentlicht hat; und Ellen Binder für ihre Hilfe bei der Redaktion und beim Layout, für ihre Ratschläge und ihren Ansporn und auch dafür, daß sie es mir ermöglicht hat, im Sommer ihre Familie zu besuchen.

Zu guter Letzt möchte ich noch erwähnen, daß dieses Werk ohne die folgenden vier Freunde niemals zustande gekommen wäre: Nancy Luke, Kaivan Munshi, David Earling und Maria Nicolo. Ich danke euch allen!

authors

Jonathan Elderfield,

born in England, 1967, is a documentary photographer, photojournalist, and photo editor. His work has been featured in *Time, Newsweek, U.S. News and World Report, The New York Times, National Geographic, New York,* and the *Independent Sunday Review* (U.K.), as well as many other domestic and foreign newspapers and magazines. Elderfield was formerly a photographer with the Gamma Presse/Liaison Agency covering news and feature assignments including the 2000 U.S. presidential campaign. He studied at the Eddie Adams Workshop V in 1992, and his work has been exhibited in *America Observed/Project America* at the 92nd Street Y in New York (1997) and *Visions of Victory: A Century of Sports Photography* at the Fernbank Museum of Natural History in Atlanta (1996). His website, www.jefoto.com, features his documentary work as well as his news, feature, and personal photography. Elderfield lives in New York City.

Murray Dubin,

who grew up near Fifth and Wolf Streets in South Philadelphia, has been a reporter and an editor at the *Philadelphia Inquirer* since 1971. In 1996, Temple University Press published his second book, *South Philadelphia: Mummers, Memories and the Melrose Diner.*

W.S. Di Piero,

born and raised in South Philadelphia, is the author of numerous volumes of poetry, essays, and translations. His new collection of poems, *Brother Fire,* has recently been published by Alfred A. Knopf. Di Piero lives in San Francisco.

autoren

Jonathan Elderfield,

1967 in England geboren, ist Dokumentarfotograf, Fotojournalist und Fotoredakteur. Seine Arbeiten wurden in *Time, Newsweek, U.S. News and World Report, The New York Times, National Geographic, New York* und der *Independent Sunday Review* (GB) veröffentlicht, aber auch in zahlreichen anderen Zeitungen und Zeitschriften im Inland und Ausland. Elderfield war früher als Fotograf für Nachrichten und Reportagen bei Gamma Presse/Liaison Agency beschäftigt und hat unter anderem den amerikanischen Präsidentenwahlkampf im Jahr 2000 festgehalten. 1992 hat er den Eddie Adams Workshop V besucht, und seine Arbeiten wurden im Rahmen von *America Observed/Project America* in der 92nd Street Y in New York (1997) und in *Visions of Victory: A Century of Sports Photography* im Fernbank Museum of Natural History in Atlanta (1996) ausgestellt. Auf seiner Website, www.jefoto.com, werden sowohl seine dokumentarischen Arbeiten und seine Fotografien für Nachrichtenmeldungen und Reportagen als auch seine persönlichen Fotografien vorgestellt. Elderfield lebt in New York City.

Murray Dubin,

der in der Nähe der Kreuzung 5th und Wolf Street in South Philadelphia aufgewachsen ist, ist Reporter und seit 1971 Redakteur beim *Philadelphia Inquirer*. Sein zweites Buch, das den Titel *South Philadelphia: Mummers, Memories and the Melrose Diner* trägt, ist 1996 bei Temple University Press erschienen.

W. S. Di Piero,

geboren und aufgewachsen in South Philadelphia, hat zahlreiche Gedichte, Essays und Übersetzungen veröffentlicht. Sein neuer Gedichtband ist kürzlich bei Alfred A. Knopf unter dem Titel *Brother Fire* erschienen. Di Piero lebt in San Francisco.

Translation / Übersetzung:
Ursula Gnade

Proofreading / Verlagslektorat:
Katrin Zuschlag

Design and production / Gestaltung und Herstellung:
Kehrer Design Heidelberg

Printed in Germany

Bibliographic information published by Die Deutsche Bibliothek
Die Deutsche Bibliothek lists this publication in the Deutsche Nationalbibliografie; detailed bibliographic data is available on the Internet at http://dnb.ddb.de.

Bibliografische Information Der Deutschen Bibliothek
Die Deutsche Bibliothek verzeichnet diese Publikation in der Deutschen Nationalbibliografie; detaillierte bibliografische Daten sind im Internet über http://dnb.ddb.de abrufbar.

Contact/Kontakt:
www.kehrerverlag.com
contact@kehrerverlag.com

Kehrer Verlag Heidelberg
Germany/Deutschland

ISBN 3-936 636-05-2